誰も教えてくれなかった基礎のキソ

新版 かぎ針編み
困ったときに
開く本

松村 忍 & [hao]

新星出版社

Contents

動画 マークのある基本の編み方は動画でも解説しています。ページ内に掲載のQRコードをスマホで読み取るか、ページ下のURLにアクセスしてください。

7

かぎ針編みのこんな「困った！」はありませんか？

お悩み Q&A 一覧

本書では、「本を見てもわからない！」という編みもの初心者さんの
リアルな悩みにクローズアップ！　これまでの編みものの本より、
ずっと基礎のキソの Q&A をたくさん紹介しています。

あなたの「困った！」が「納得！」に変わりますように！

超親切

本当に知りたかった

基礎のキソ

「かぎ針編みやってみたい♪」と、編みものの本を買ってきても、
編み方はもちろん、書かれていることの意味もよくわからない…
と、挫折した経験はありませんか？
本当に知りたいのは、もっともっと基礎的なこと！ という
お悩みに応えるべく、かぎ針編みの基礎のキソを丁寧に解説しました。

編む前に知っておきたいこと
用具と材料のそろえ方にもコツがあります

用具について

かぎ針

● 素材　金属製が多い。竹製のものや、ジャンボかぎ針には、樹脂製のものもある。

● 太さ　号数で表記され、数字が大きくなるほど太くなる。2/0号から10/0号まであり、それより太い針はミリ表示のジャンボかぎ針になる。レース針は号数が大きくなるほど細くなる。

● 種類　片かぎ針と、両側に異なる号数のかぎがついた両かぎ針がある。樹脂製のグリップつきのものもある。

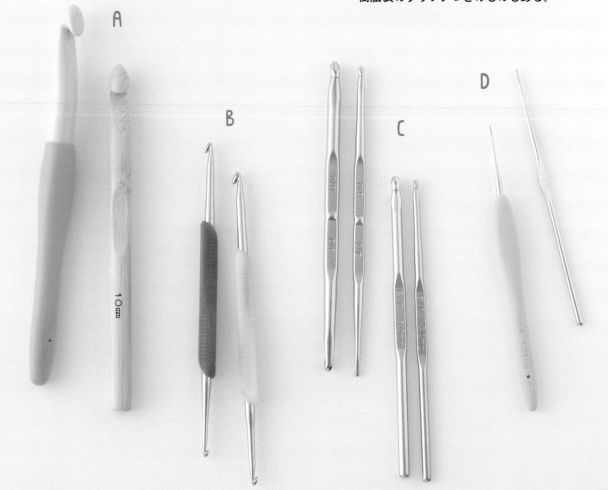

A ジャンボかぎ針
極太より太い糸を編むときに使う。太さはミリ表示で7ミリから20ミリまである。

B グリップつきかぎ針
持つところが樹脂製になっている両かぎ針。長くにぎっていても疲れにくいのが利点。

C 両かぎ針、片かぎ針
最も一般的なタイプのかぎ針。金属製は毛糸のすべりがよいので編みやすい。

D レース針
レース編み用の編み針。0〜14号まであり、数字が大きいほうが細い。

その他の用具

※とじはぎ とじたりはいだりすることを、まとめてこう呼ぶ。「とじる」とは、段と段をつなぐこと（82ページ）。「はぐ」とは目と目、目と段をつなぐこと（80ページ）。

E メジャー

サイズを測るときの必需品。

F 段目リング

編み目に引っかけて、段数や段の変わりめの目印にする。ロック式のものは、途中で手を休めるときに、編み目がほどけないようにとめておくと便利。

G はさみ

糸始末などに必要。

H とじ針

糸を傷めないよう針先が丸くなった毛糸専用の針。糸始末やとじはぎ※に使う。数種類の太さがセットになったものを購入するのがおすすめ。

I まち針

太くて針先が丸くなっている毛糸専用のものを用意する。アイロンをかけたり、とじはぎ※をするときに必要。

J アイロン用仕上げピン

針先が曲がったU字状のピン。アイロンかけや編みぐるみを作る際に、編み地やパーツをしっかり固定させることができる。

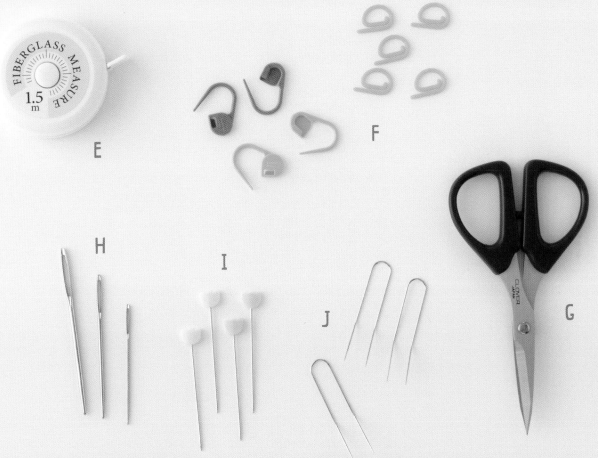

とじ針に毛糸を通す方法

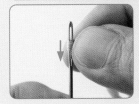

糸端を、とじ針をはさむように折り、とじ針をそのまま下へ抜く。

糸の折り山を押し込むようにしながら、針穴から出し、そのまま引き出す。

糸について

● 糸の太さと対応する針の太さの目安 ● 糸の種類と素材

糸の太さと対応する針の太さの目安

糸の太さ

 細

極細（ごくぼそ）

合細（あいぼそ）

中細（ちゅうぼそ）

合太（あいぶと）

並太（なみぶと）

極太（ごくぶと）

超極太（ちょうごくぶと）

太

対応する針の太さ

※（ ）内は針軸の太さ

糸の太さ	対応する針の太さ
極細	2/0号（2.0mm）
合細	2/0号（2.0mm） 3/0号（2.3mm）
中細	3/0号（2.3mm） 4/0号（2.5mm）
合太	3/0号（2.3mm） 4/0号（2.5mm） 5/0号（3.0mm）
並太	5/0号（3.0mm） 6/0号（3.5mm） 7/0号（4.0mm）
極太	8/0号（5.0mm） 9/0号（5.5mm） 10/0号（6.0mm）
超極太	10/0号（6.0mm） ジャンボ針

※同じタイプの太さでも、糸によって差があるので、
糸玉のラベルを見て適正針を選びましょう。

糸は多めに準備しよう

途中で糸が足りなくなって買い足すと、ロットナンバー（9ページ）が異なって、微妙に糸色が変わってしまうことがあります。最悪の場合、廃番などで同じ糸が手に入らない場合も。糸はできれば1玉多めに買っておくと安心です。

あんなのとかこんなのとか……

糸の種類と素材

種類

ストレートヤーン
直線状の糸で初心者におすすめの編みやすい糸。

スラブヤーン
太さに変化を持たせてより合わせた糸。ところどころに節がある。

ファンシーヤーン
独特な風合いを出すための加工をほどこした糸。遊び心のある、肌触りのよい糸が多い。

素材

ウール
羊毛で紡がれた秋冬用の一般的な素材。

化繊
アクリルなど。発色がよいので、色数も豊富。ウールとの混紡もある。

コットン
春夏ものやベビーものに使われる。

麻
春夏ものや雑貨などを編むのにも適している。

糸端の引き出し方

糸玉の中に指を入れて、中心にある糸端を引き出す。小さな糸のかたまりごと出てくるときもあるが、その中に糸端があるので大丈夫。

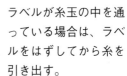

ラベルが糸玉の中を通っている場合は、ラベルをはずしてから糸を引き出す。

コットン糸など硬い紙筒の芯に巻かれた糸は、外側から糸端を引き出す。糸玉は、ビニール袋などに入れて使うと、転がりにくく汚れ防止にもなる。

ラベルは情報の宝庫

ラベルには多くの情報が表示されているので、少なくとも作品が完成するまでは捨てずにとっておきましょう。

品質
素材が書かれている。

重量と糸長
糸玉の重さと、糸の長さ。同じ並太タイプで、同じ重さでも糸長が異なることもある。同じグラム数なら糸長が長いほうが糸は細い。

参考使用針
糸に適した棒針、かぎ針の号数。

標準ゲージ
適した針で編んだ場合の標準的なゲージ(74ページ)。棒針はメリヤス編み、かぎ針は長編みで編んだときのゲージ。

エクシードウールL〈並太〉				
品質	ウール〈WO〉…100% (エクストラファインメリノ使用)	参考使用針	棒　針	6〜8号
			かぎ針	5/0
標準状態 重量	**40g**(糸長約80m)	標準ゲージ	棒針 18〜19目・25〜26段 かぎ針(長編み) 17目 9段	
お取扱い 方法	中性洗剤使用　　あて布使用　Ⓟ	使用針.ハマナカ アミアミ 手あみ針		
		↑矢印の方向へ糸を引き出してお編みください。		
製造発売元	ハマナカ株式会社	京都市右京区花園薮ノ下町2番地の3 TEL 075(463)5151(代)　http://www.hamanaka.co.jp/		
万一事故品がありましたら、ラベルを添えて、お求め先でお取り換え下さい。				

0071-302　ロット A
色番 302
4 9774446 60724

色番号とロット
その毛糸の色を表すのが色番号。糸を染色した釜を表す記号がロット。ロットが変わると色番号が同じでも微妙に色が異なる場合もあるので、買い足すときは同じロットの糸を選ぶ。

取り扱い方法
洗濯やアイロンの際の適した方法が書かれている。

編みやすいのはどんな糸？

手芸屋さんに行ったら、素敵な糸がいっぱい。
「この糸で編みたい！」とすぐにレジに行きたくなりますが、ちょっと待って！
最初は初心者が編みやすい毛糸を選びましょう。

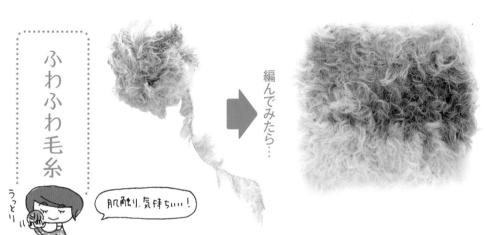

ふわふわ毛糸

肌触り、気持ちいい！

編んでみたら…

目数・段数が数えられない！

手触りも風合いも素敵ですが、毛足が長い糸は目数・段数を数えるのが至難の業。編み目が不ぞろいでも目立たない、という利点もあります。

極細毛糸

繊細な作品が編めそう！

編んでみたら…

10cm角を編むのに34目16段！

上のふわふわ毛糸と編み地の大きさは同じですが、あちらは9目5段。同じ大きさでもこちらはかなりの目数・段数を編まなくてはなりません。細過ぎる糸では初心者は挫折してしまうことも。

色の濃い並太毛糸

シックな色がステキ！

編んでみたら…

目数・段数が数えにくい！

ストレートの並太毛糸なので、編みやすいのはメリット。ただ色が暗くて濃い糸は編み目が見えにくいので、目数・段数を数えるのが大変です。

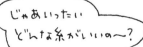

じゃあいったいどんな糸がいいの〜？

初心者に
やさしいのは

明るい色の並太〜
極太毛糸

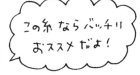
この糸ならバッチリ
おススメだよ！

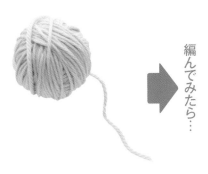

編んでみたら…

- 編みやすい
- 目数・段数が数えやすい
- 糸の種類や色数が豊富

などメリットがいっぱい。
最初はこのような初心者が編み
やすい糸で編んでみてください。

毛糸はどこで買う？

毛糸の購入先は、メリットとデメリットを考えて
上手に使い分けましょう。
初心者ほど、手芸店を利用するのがおススメです。

手芸店

◎ 実物を見て選べる

◎ 店員さんに相談できる

◎ レシピをもらえたり、
編みもの講習を
やっているお店も

△ シーズン外の糸は
店頭にないこともある

この糸
かわいい〜

毛糸選びの質問や相談が直接できる手芸店は、初心者の強い味方！　的確なアドバイスをもらえるよう、作り方の載った本などを持って行って相談しましょう。

インターネット通販

◎ 自宅で手軽に注文できる

◎ 価格やサービスを
比較して買える

△ 実物を見て選べない
色や素材が思っていたものと
異なることも

△ 送料や到着までに
時間がかかる

ほしい毛糸の品名や色番号が分かっている場合は、積極的に利用したいインターネット通販。近くに手芸店がない、買いに行く時間がないときに、自宅に届くので便利です。

100円均一ショップ

◎ 身近で安価なので
気軽に購入できる

◎ かわいい
ファンシーヤーンが安い

△ 糸長が短い
大物を作ると
割高になることも

△ 追加購入が難しい
取り寄せに時間がかかったり
複数色セットになっていて、
ほしい色だけを買えないことも

少量の毛糸を安価に買える「100均」は、小物作りにピッタリ！　流行を取り入れたお手頃なファンシーヤーンが多いので、キッズ向けの作品にも向いています。

基本の編み方を覚えよう

かぎ針編みの基本になる5つの編み方をマスターしましょう

「目」って何?「段」って何?

かぎ針に糸をかけて引き抜くことでできるのが「目」。目を1列編んだら「段」になります。

かぎ針編みは、針に糸をかけて引き抜きながら編み進めます。赤糸を引き抜くとこま編みが1目できます。

こま編みを1段編み終わったところ。

大事!「目」が1列編まれて「段」になり、「段」を編み重ねることで作品を形作っていきます。

針と糸の持ち方

正しく針と糸を持つことは、きれいに編むための基本です。

動画でチェック
かぎ針と糸の持ち方

左手の糸のかけ方

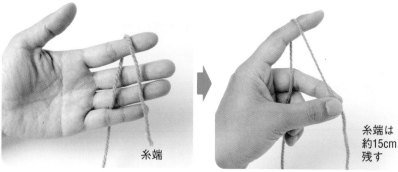

糸端

糸端は約15cm残す

左手に写真のように糸をかけ、糸端側を親指と中指の腹で持つ。糸端は糸始末用に15cmほど残す。糸がたるまないように人さし指で調整する。

針の持ち方

針は右手の親指と人さし指で持ち、中指を軽く添える。

動画でチェック
くさり編み

● くさり編みの作り目

基本の編み方 ❶
くさり編みの作り目

編み目記号

作品の１段めを編むために必要な土台の目のことを「作り目」といいます。かぎ針編みの作り目は、ほとんどが「くさり編み」。
まずはくさり編みをマスターしましょう。

1 針を糸の向こうに置き、矢印の方向に回して糸を針に巻きつける。

2 糸が交差した部分を親指と中指で押さえながら、針に糸をかけて針にかかったループから引き抜く。

3 糸端側を下に引き、このループを引きしめる。

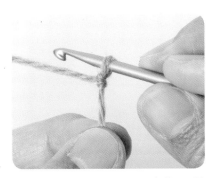

4 引きしめたところ。この部分は１目に数えない。くさり編みを始めるための操作となる。

5 さらに針に糸をかけて引き抜く。

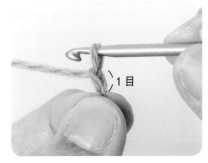

6 くさり編み１目完成。5のように、針に糸をかけて引き抜くことをくり返す。

くさり編みを10目編んだ状態

表

1 2 3 4 5 6 7 8 9 10

1目　半目

裏

1 2 3 4 5 6 7 8 9 10

半目　1目　裏山

くさり編みの記号図

くさりの中央をつなぐように見えている部分を「裏山」と呼び、表から見た「V」字の部分と合わせてくさり編み１目と数える。「V」字の片側のループは、くさり「半目」という。かぎ針編みでは、「半目」と「裏山」の2本に針を入れることが多いので覚えておこう。

お悩み Q&A

Q くさり編みすらうまくできません（泣）。

A 左手、右手それぞれの状態をチェックしてみましょう。

かぎ針に糸をかけて引き抜くくさり編みは、かぎ針編みの最も基本の編み方です。きれいで安定したくさり編みが編めるよう、うまくいかないポイントを、ひとつひとつ確認していきましょう。

左手をチェック

ループの根元をしっかり押さえよう！

かぎ針にかかったループがグラグラ不安定だと、
糸を引き出しにくいだけでなく、
編み目が不ぞろいになってしまいます。

針にかかったループの根元を、親指と中指の腹でしっかり押さえましょう。

編んでいるうちに、くさりが伸びてループが指から離れていきます。

数目ごとに、指がループの根元にくるよう持ち替えましょう。

糸を正しく持とう！

左手の人さし指は糸のゆるみを調整するテンションの役割、
左手の小指は糸を必要なだけ送り出す役割を果たしています。

かぎ針に糸をかけるときは、人さし指をピンと立てて糸を張りましょう。

人さし指が曲がっていると、糸がたるんで針にかけにくくなります。

糸を引き出すのに力がいるときは、糸のかけ方を上の写真のようにしてみましょう。

左手の糸がすべって目がゆるくなるときは、小指にひと巻きしてみましょう。

まっすぐ バックで
出すイメージ

かぎ針はまっすぐ引き出そう。

うまく引き出せないときは、
針にかかったループを少しゆるめてみましょう。

糸をかけ、針をループから水平に引き
出しましょう。

力をこめて引っぱり上げるのはNG。

右手をねじって手のひらが上を向くの
はNG。

かぎ針は一番太い
ところまで入れよう。

かぎ針は、毎回針の
一番太い部分まで
入れるようにしましょう。
糸をかけた針が引き抜きやすく、
編み目も整います。

針にかかったループは、1目ごとに一
番太いところまで針を差し込みましょ
う。

針先だけで編んでいると、目が小さく
なり、糸が引き出しにくくなります。

かぎ針が糸からはずれたときは、正しい向きで針に戻しましょう。

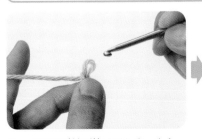

うっかりかぎ針が抜けてしまったら…

糸玉側

針の手前側に糸玉側の糸がくるよう針
を戻します。

糸玉側

針の向こう側に糸玉側の糸がくるのは
NGです。

作り目から目を拾う

くさり編みの作り目から1段めを編むには、
3つの方法があります。作り方に特別な指示がない場合は、
どの方法で編んでも構いませんが、
それぞれに特徴があるので作品に合わせて使い分けましょう。

① くさり目の裏山を拾う方法

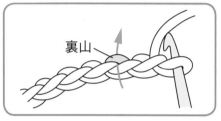

裏山

表

裏

作り目のくさり編みがくずれず、端がきれいに
仕上がる。縁編みをしない作品に向く。

② くさり目の半目と裏山を拾う方法

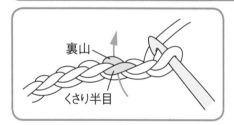

裏山

くさり半目

表

裏

少しごろつくが、作り目が伸びずしっかり仕上
がる。だ円形の編み地(35、36ページ)などく
さりの両側から目を拾うときは、この方法で。

③ くさり目の半目を拾う方法

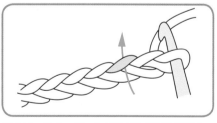

表

裏

目を拾いやすいが、作り目が伸びて穴が開き
やすい。

＊写真はわかりやすいよう、作り目だけを違う糸で編んでいます。

編み目の高さと立ち上がり

かぎ針編みには、それぞれの編み方に決まった編み目の高さがあります。各段の編み始めには、まず、その高さに合わせたくさり編みを、編む必要があります。このくさり目のことを「立ち上がり」といいます。

編み目の各部分の名称

作り目‥‥‥‥編み始めるための土台となる目。この部分から編み始める。
　　　　　　　一般的に、作り目は1段と数えない
立ち上がり‥‥段の始めに編むくさり目(13ページ)
目の頭‥‥‥‥編み目の上部の、くさり目のように見える部分
目の脚‥‥‥‥編み目の頭を除いた部分

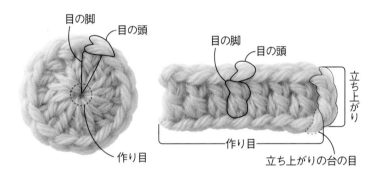

編み目の高さ

かぎ針編みの編み目1段の高さは、編み目の種類によって異なります。くさり編み1目分の長さを基準として、「こま編み」は同じ高さ、「中長編み」は2倍、「長編み」は3倍の高さになるよう意識して編みましょう。

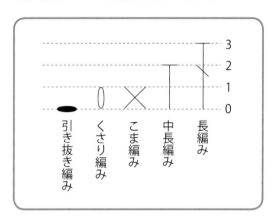

立ち上がり

「立ち上がり」のくさり編みの目数は、編み目の高さによって異なります。

こま編みの立ち上がり　➡　くさり編み1目
中長編みの立ち上がり　➡　くさり編み2目
長編みの立ち上がり　➡　くさり編み3目

普通は立ち上がりは1目に数えますが、こま編みの立ち上がりは小さいので1目に数えません。そのため、こま編みは立ち上がりを編んだら、すぐ隣の目に針を入れますが、中長編み、長編みは1目あけた隣の目に針を入れます。

こま編み｜中長編み｜長編み

編み目の高さ＝くさり編み1目分｜編み目の高さ＝くさり編み2目分｜編み目の高さ＝くさり編み3目分

◯＝立ち上がりのくさり編み
◯＝1目めの「台の目」。こま編みはここに最初の目を編むが、中長編み・長編みは、その隣に最初の目を編む

大事！ こま編みは立ち上がりのくさり目を1目と数えない。
中長編み、長編みは1目と数える。

基本の編み方 ❷ こま編み

編み目記号

目の詰まったしっかりした編み地が特徴。
かぎ針編みの小物作りなどには欠かせない、
基本の編み方の１つです。

※「こま編み」の編み目記号の描き方は、本によって２種類あります。

こま編みの編み地

こま編みの記号図

動画でチェック

こま編み

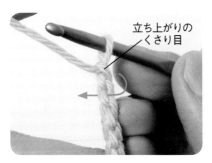
立ち上がりの
くさり目

1 必要な数のくさりの作り目を編む。「立ち上がり」のくさり編みを１目編む。次に矢印のくさり目の「裏山」（13ページ）に針を入れる。

2 矢印のように糸をかける。

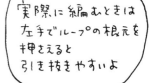
実際に編むときは
左手でループの根元を
押さえると
引き抜きやすいよ

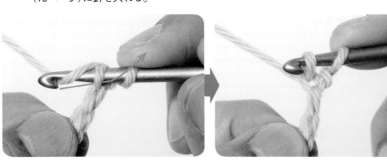

3 針にかかっている左側のループから糸を引き出す。

4 もう一度針に糸をかけ、針にかかっている２つのループを、一度に引き抜く。

5 こま編み１目完成。

6 隣のくさり目の裏山に針を入れる。

7 針に糸をかけて左側のループから引き出す。

8 もう一度針に糸をかけて、針にかかっている2つのループを一度に引き抜く。

9 こま編みが2目編めたところ。

10 6〜8と同様に編む。1段めの最後に編み入れる作り目（作り目の最初の目）はきつく小さくなっていることが多いので、見落とさないように。

11 1段めが編み終わったところ。ここで目数が合っているか確認しておくとよい。こま編みの頭のくさり状になっている部分を数えると数えやすい。

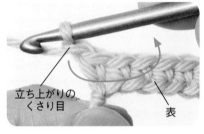

立ち上がりのくさり目

表

12 そのまま2段めの立ち上がりのくさり編みを1目編み、編み地を矢印の向きに回す。2段めは編み地の裏側を見ながら編む。

裏

13 2段め最初の1目は、1段めの最終目の頭の2本に針を入れる。右下の写真は編み地を上から見たところ。

14 針に糸をかけて引き出す。

15 もう一度針に糸をかけて、針にかかっている2つのループを一度に引き抜く。

16 2段めの1目めが編めたところ。同様に1段めの目の頭に針を入れながら編み進める。

立ち上がりのくさり目

17 2段めの最後は矢印の位置に針を入れる。前段の立ち上がりのくさり目に編み入れないよう注意。

裏

18 2段めが編み終わったところ。立ち上がりのくさり編みを1目編み、編み地を返して3段めを編む。

納得 ヘぇー

編み目は上から見ると、くさり目の形をしています。これを目の頭といい、頭の下の部分を脚といいます（17ページ）。

基本の編み方 ❸

中長編み

編み目記号 T

中長編みの編み地

中長編みの記号図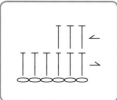

動画でチェック
中長編み

くさり編み2目分の高さがあり、こま編みより
ふっくらした印象の編み目です。

実際に編むときは
左手でループの根元を
押さえると
引き抜きやすいよ

1 1段め。立ち上がりのくさりを2目編み、針に糸をかけて「台の目」（17ページ）の隣のくさり目の「裏山」（13ページ）に針を入れる。

2 矢印のように糸をかける。

立ち上がりの
くさり2目
台の目

3 針にかかっている左側のループから糸を引き出す。

4 もう一度針に糸をかけて、針にかかっている3つのループを、一度に引き抜く。

5 中長編み1目完成。立ち上がりを1目と数えるので、これは1段めの2目めになる。

6 1〜4と同様に編む。1段めの最後に編み入れる目（作り目の最初の目）は、きつく小さくなっていることが多いので見落とさないように。

7 1段めを編み終わったら、そのまま2段めの立ち上がりのくさり編みを2目編み、編み地を矢印の向きに回す。

立ち上がりの
くさり2目
表

8 針に糸をかけ、1段めの端から2目めの中長編みの頭の2本に針を入れて編む。立ち上がりを1目に数えるので、端目には編まない。端目に針を入れると目数が増えるので注意。

9 2段めの最後の目は1段めの立ち上がりのくさり目の半目と裏山に針を入れて編む。ここを忘れると目が減ってしまうので注意。

最後の目を立ち上がりの目に編み入れた

立ち上がりのくさり2目

10 2段めが編み終わったところ。

お悩み Q&A

Q 目が不ぞろいです。

編んだものを見ても、何だか目の大きさが不ぞろいでテンションが下がります…。

A 多少の不ぞろいは気にしないで。

もちろん編み目はそろっているほうがいいのですが、機械編みではなく手編みなのですから、多少不ぞろいでも気にせず、まずは編むことを楽しみましょう。目が不ぞろいになる原因をいくつか挙げてみたので参考にしてください。

針は一番太い部分まで入れよう

目の大きさは編み針の太さで決まるため、針先だけで編んでいると、目がキツくなってしまいます。編み針は1目ごとに一番太いところまでループに入れるようにしましょう。

糸割れに注意！

糸割れ部分

糸が割れた状態のまま編むと、見た目がよくないだけでなく、針の出し入れがスムーズにできず、編みづらくなります。目数も数えにくくなるので、きちんと針にかけ直して編みましょう。

目が小さくなるとき

左手で糸を強く握りすぎていませんか？　左手の小指には、糸を必要なだけ送り出す役目があります。糸の滑りが悪い場合は、糸をかける箇所を少なくして、左のように持ってみましょう。

目が大きくなるとき

左手の糸がゆるんでいませんか？　糸を左手の小指でしっかりはさめていないと、目がゆるくなってしまいます。左手の糸が滑るときは、左のように小指に糸をひと巻きしてみましょう。

基本の編み方 ❹ 長編み

編み目記号

長編みの編み地

長編みの記号図
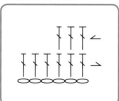

動画でチェック
長編み

くさり編み3目分の高さがあり、
こま編みよりやわらかな編み地が特徴です。
ここまで覚えれば、編めるものがグンと増えますよ。

1 1段め。立ち上がりのくさりを3目編み、針に糸をかけて「台の目」（17ページ）の隣のくさり目の「裏山」（13ページ）に針を入れる。

立ち上がりの
くさり3目
台の目

2 矢印のように糸をかける。

3 2で針を入れた、左側のループから糸を引き出す。

4 引き出したところ。

5 もう一度針に糸をかけて、針にかかっている左側2つのループから糸を引き出す。

6 引き出したところ。

7 もう一度針に糸をかけて、針にかかっている2つのループを一度に引き抜く。

実際に編むときは
左手でループの根元を
押さえると
引き抜きやすいよ

8 長編み1目完成。立ち上がりを1目と数えるので、これは1段めの2目めになる。

  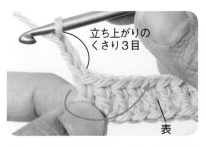

9 続けて同じように針に糸をかけ、次のくさり目の裏山に針を入れて編む。

10 1〜7と同様に編む。1段めの最後に編み入れる目(作り目の最初の目)は、きつく小さくなっていることが多いので見落とさないように。

11 1段を編み終わったら、そのまま2段めの立ち上がりのくさり編みを3目編み、編み地を矢印の向きに回す。

立ち上がりのくさり3目

表

端目
裏

立ち上がりのくさり3目

12 針に糸をかけ、1段めの端から2目めの長編みの頭の2本に針を入れて編む。立ち上がりを1目に数えるので、端目には編まない。端目に針を入れると目が増えるので注意。

13 2段めの最後の目は1段めの立ち上がりのくさり3目めの半目と裏山に針を入れて編む。ここを忘れると目が減ってしまうので注意。

14 2段めが編み終わったところ。

基本の編み方❺
引き抜き編み
編み目記号 ●

引き抜き編みの編み地
引き抜き編みの記号図
動画でチェック
引き抜き編み

編み目に糸をかけて引き抜くだけの編み方で、目の高さはなく、段数には数えません。

   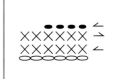 

1 前段の目の頭の2本に針を入れる。

2 針に糸をかけて、針にかかったループを一度に引き抜く。

3 引き抜き編みをしたところ。

基礎のキソ ● 長編み ● 引き抜き編み

引き抜き編み http://www.shin-sei.co.jp/kagi06.mp4　23

お悩みQ&A

Q 編み地の下端が
つれる感じでゆがみます。

A 作り目のくさり編みは
ゆるめに編みましょう。

作り目から1段めを編み出す際、くさり目に引っ張られ、幅がつまってしまうことがあります。そのため作り目は少しゆるめに編むか、1・2号太い針で編むのがコツ。目も拾いやすく、編み上がりもきれいです。

作り目のくさり編みがきつめ

作り目のくさり編みがゆるめ

＊写真はわかりやすいよう、作り目だけを違う糸で編んでいます。

Q 段の始めと終わりの目がどれかわかりません。
立ち上がりの次はどこに針を入れるの？

A 印をつけながら、
確認して
みましょう！

慣れないうちは、目も不ぞろいなため、本の写真やイラストの通りに編めているのかわからない…ということも。そんなときは、針を入れる位置にあらかじめ印をつけておくのはいかが？　ここではカラークリップを使って紹介していますが、もちろん段目リングを使ってもOKです。何度も編んで、編み地のつくりを覚えましょう。

クローズアップ

こま編み

慣れないうちは、各段の最初と最後の目を、つい編みとばしがち。印をつけて、間違えないように編みましょう。

1　くさり編みを10目、立ち上がりを1目編んで、1段めの1目めを編み、目の頭のくさり状の部分にピンクのクリップで印をつける。

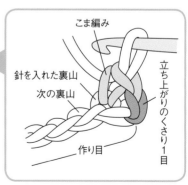
こま編み
針を入れた裏山
次の裏山
立ち上がりのくさり1目
作り目

2　1段めを編み、最後の10目めの頭に青のクリップで印をつける。1目ずつ数えながら編み進もう。

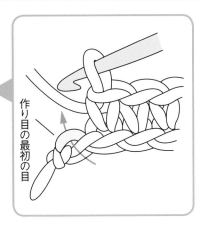

作り目の最初の目

3　立ち上がりのくさりを1目編み、編み地を矢印の方向に回す。

4　編み地を回したところ。

5　次に針を入れるのは、青のクリップをつけたところ。2段めの1目めを編む。

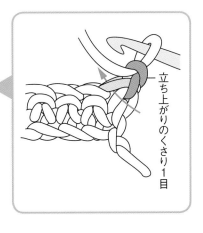

立ち上がりのくさり1目

6　2段めの最終目は、ピンクのクリップがついているところにこま編みを編み入れる。

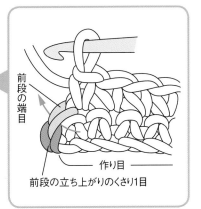

前段の端目

作り目

前段の立ち上がりのくさり1目

スッキリ！

長編みは立ち上がりのくさり目を1目と数えるところが、こま編みと異なります。
中長編みも、同様にして編みます。

長編み

1 くさり編みを10目編み、10目めの裏山にピンクのクリップで印をつける。

2 立ち上がりのくさりを3目編み、3目めの半目と裏山に、写真のように青いクリップで印をつける。このくさり3目が1段めの1目め。

3 次に針を入れるのは、ピンクのクリップの隣のくさり目の裏山。

4 長編みを1目編んだところ。これは1段めの2目め。ピンクのクリップは1目めの「台の目」。ここには何も編み入れない。

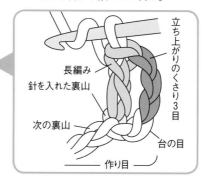

長編み
針を入れた裏山
次の裏山
立ち上がりのくさり3目
台の目
作り目

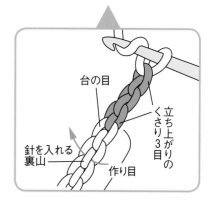

台の目
立ち上がりのくさり3目
針を入れる裏山
作り目

5 1段めの終わり（10目め）まで編んだら、最終目の頭に赤のクリップをつける。1目ずつ数えながら編もう。

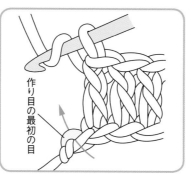

作り目の最初の目

6 立ち上がりのくさり3目を編んで、3目めの半目と裏山に写真のように緑のクリップをつける。編み地を矢印の向きに回す。

7 編み地を回したところ。次に針を入れるのは、赤いクリップの隣の目。ここに長編みを編む。

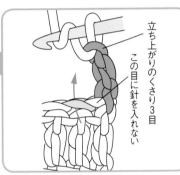

立ち上がりのくさり3目

この目に針を入れない

8 長編みを1目編んだところ。この目は、2段めの2目め。赤のクリップの目は、1目めの「台の目」。ここには何も編み入れない。

9 2段めの最終目は、青のクリップをつけたところ（前段の立ち上がりのくさり3目めの半目と裏山）に長編みを編み入れる。

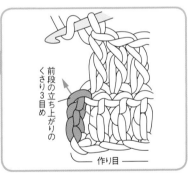

前段の立ち上がりのくさり3目め

作り目

10 長編みを編んだところ。目の頭に黄色のクリップをつける。

11 立ち上がりのくさりを3目編んで6と同じ向きに回す。次に針を入れるのは、黄色いクリップの隣の目。

12 3段めの最終目は、緑のクリップをつけたところ（前段の立ち上がりのくさり3目めの半目と裏山）に長編みを編み入れる。

ガッテン！

27

かぎ針編みの編み進め方

平面に四角く編む、筒状に編む、円形に編む。
かぎ針編みには作品の形によって編み進め方が3つあります。

平編み

編み地を毎段表、裏と返しながら、平面を編む編み方が平編み。
「行って戻って…」をくり返すので、往復編みという言い方をすることも。
18ページ〜の基本の編み方は、平編みで編んでいます。
記号図では下のように表します。

いったりきたり
しながら編む

マフラーとか

たわしとか

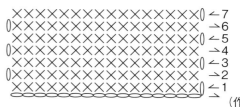

←7
→6
←5
→4
←3
→2
←1
（作り目）

大事！ くさり編み、こま編みなどの編み方を記号で表したものが編み目記号。
編み目記号を組み合わせて作品の編み方を示したものを記号図という。

輪編み

筒状に立体的に編み進める方法と、
中心から放射状に広げて編む「円編み」があります。

筒状に編む

くさり編みで作り目し、筒状に立体的に編む編み方。記号図では下のように輪を開いて平面で表す。筒状に編み進める方法は29ページ。

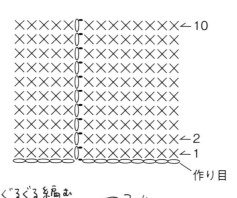

←10

←2
←1
作り目

ぐるぐる編む

アーム
ウォーマー

ネックウォーマー

円編み

中心から放射状に広げて編む編み方。中心に糸端やくさり編みで輪を作って作り目をし、編み進める。円編みの方法は30ページ。

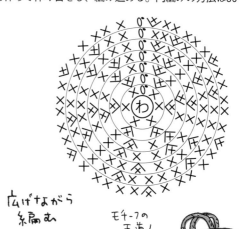

わ

広げながら
編む

モチーフの
王道！

編みつなげて
バッグも

筒状に編む

くさり編みで作り目し、筒状に編む編み方。
多くはつねに編み地の表を見て、ぐるぐる編み進めます。

基礎のキソ

● 筒状に編む…作り目を輪にする／こま編みを筒状に編む／長編みを筒状に編む

作り目を輪にする

1 必要目数をくさり編みで編み、1目めの裏山に針を入れ、引き抜き編みをする。くさり編みがねじれないように注意する。

2 輪になり、作り目ができたところ。記号図の引き抜き編みが終わった状態。

くさりの裏山に引き抜きます

編み地の端がきれいに仕上がるよ

こま編みを筒状に編む

1 1段めの立ち上がりのくさり編みを1目編み、最初のこま編みを、上の1と同じ裏山に編みつける。段の始めがわからなくならないように、1目めの頭に段目リングをつけておくとよい。

2 作り目のくさり編みの裏山を拾いながら、1周こま編みを編んだところ。最後は、段目リングをつけた1目めの頭の下に針を入れ、引き抜き編みをする。

3 引き抜いて、2段めの立ち上がりのくさり編みを編んだところ。1段めの1目めに針を入れて、2段めを編み始める。1目めの頭には段目リングをつけておく。

長編みを筒状に編む

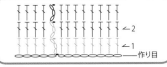

1 作り目を輪にしたら、立ち上がりのくさり編みを3目編む。長編みは立ち上がりを1目に数えるので、次は作り目のくさり編み2目めの裏山に針を入れて長編みを編む。

2 裏山を拾いながら長編みを1周編む。編み終わったら、立ち上がりのくさり編み3目めの半目と裏山に針を入れ、引き抜き編みをする。

3 2段めの立ち上がりのくさり編みを3目編んだところ。次に針を入れるのは、矢印の目（1段めの2目め）。

円編みの作り目

糸端で輪を作る方法と、くさり編みを輪にする方法があり、
いずれも輪の中に目を編み入れて作り目します。
糸端を輪にする作り目は、記号図ではのように記され、
「輪の作り目」ともよばれています。

糸端を輪にする作り目
（輪の作り目）

│動画でチェック│
糸端を
輪にする作り目

ここをしっかり
おさえてね

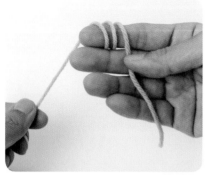

1 右手の人さし指に、クルクルッと糸を
2回巻く。

2 そっと指を輪から抜き、左手に持ちか
えて中指と親指で輪の交差した部分を
押さえる。

3 かぎ針を輪の中に通し、糸をかける。

4 輪の中から糸を引き出す。

5 もう一度針に糸をかけて引き抜く。

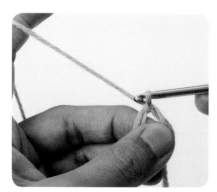

6 引き抜いたところ。これは目には数え
ない。

これが
立ち上がり

くさり1目

7 立ち上がりのくさり編みを1目編む。

糸端を輪にする作り目 http://www.shin-sei.co.jp/kagi07.mp4

8 輪の中に針を入れ、こま編みを編む。

こま編みの
編み方は
18ページを見てね

9 同様にしてこま編みを6目編む。

立ち上がりの
くさり編み

10 かぎ針をいったんはずして（ほどけないよう、目を広げておく）、1で輪にした糸端を少し引っ張る。

11 輪の2本の糸のうち1本が動くので、動いた1本をつまんで引っ張る。

12 そのまま引っ張って、11で動かなかったほうの糸を引きしめ、中央の輪をつぼめる。

13 輪がつぼまったら、糸端を引っ張って引きしめる。

14 10で抜いた目に針を戻し、こま編みの1目めの頭の2本に針を入れて引き抜き編みをする。

15 1段め（こま編み6目）が編み終わった。

● 円編みの作り目…くさり編みを輪にする作り目

くさり編みを輪にする作り目

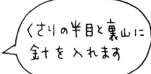
くさりの半目と裏山に針を入れます

くさりがしっかりつながります

1 くさり編みを6目編む。

2 くさり編みの1目めの半目と裏山に針を入れる。

1目めの半目と裏山

3 針に糸をかけて引き抜く。

4 輪になったところ。

立ち上がりのくさり編み

5 立ち上がりのくさり編みを1目編む。輪の中に針を入れて糸をかける。

6 糸を引き出してこま編みを編む。

7 1段めの編み終わりは、こま編みの1目めの頭の2本に針を入れて引き抜き編みをする。

8 1段め(こま編み12目)が編み終わった。

作り目をマスターしたら

円状に広げて編んでみよう

作り目を覚えたら、実際に増し目をしながら
編み地を広げていきましょう。
増し目の方法に一定の法則があります。

円の外周は外側にいくほど大きくなるので、丸く編み広げるために
は目の数を増やす必要があります。

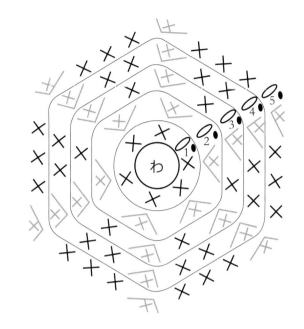

段	目数	増し方
5 段め	30目	×××ᵛ×××ᵛ×××ᵛ …くり返す
4 段め	24目	××ᵛ××ᵛ××ᵛ××ᵛ …くり返す
3 段め	18目	×ᵛ×ᵛ×ᵛ×ᵛ×ᵛ×ᵛ
2 段め	12目	ᵛᵛᵛᵛᵛᵛ
1 段め	6目	× × × × × ×

上の表は、右の記号図を、段ごとに左から右に1列に並べたもの。
3段めはこま編みを1目編んで増し目。4段めはこま編みを2目編
んで増し目、という具合に、「こま編み2目編み入れる」(119ページ)
を規則的にくり返していきます。

実際に編んでみよう

1段め

30ページの「糸端
を輪にする作り
目」をし、こま編
みを6目編む。

2段め

1段めのこま編み
に、それぞれこま
編みを2目ずつ編
み入れる。

3段め

「こま編み1目編
む」「こま編み2
目編み入れる」を
くり返す。

4段め

「こま編みを2目編む」「こま編
み2目編み入れる」をくり返す。

5段め

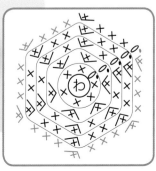

「こま編みを3目編む」「こま編
み2目編み入れる」をくり返す。

●円状に広げて編んでみよう

増し目したところに角ができます

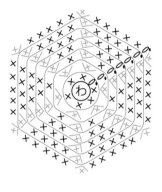

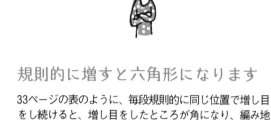

規則的に増すと六角形になります

33ページの表のように、毎段規則的に同じ位置で増し目をし続けると、増し目をしたところが角になり、編み地は六角形になります。

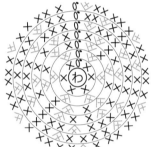

円にするには増す位置をずらそう

円を編む場合は、左図のように増し目の位置をずらします。そうすると角が目立たないので、編み地は円形になります。

編みものの本に出てくる円の作品の多くが、このように編まれています。一見複雑そうですが、増し目の法則を知っていればかんたんです。

いろいろな形を編んでみよう

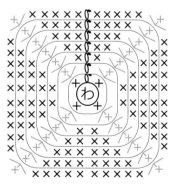

四角形にする場合は、四箇所で均等に増し目をすればOK。角を「こま編み3目編み入れる」（119ページ）で編みます。

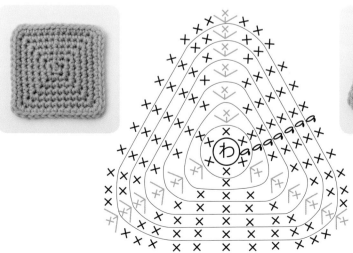

三角形にする場合は、三箇所で均等に増し目をします。四角形と同じように角を「こま編み3目編み入れる」で編みます。

だ円を編んでみよう

だ円形もかぎ針編みによく出てくる編み方です。
バッグやルームシューズの底などを編むときによく使います。
両側の円弧の部分は33、34ページの増し方と同じです。

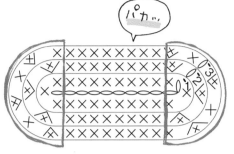

パカッ

この部分をくっつけると
34ページの
円の編み方と
同じになるよ。

バッグの
底などに
よく使うよ

1 くさり編みで作り目をし、くさりの両側にこま編みを編み入れる。まず記号図の上の部分のこま編みを編む。立ち上がりのくさり編みを1目編み、作り目の半目と裏山を拾ってこま編みを編む。最初の目の頭には段目リングをつけておく。

2 作り目のくさり編みの数だけこま編みを編んだところ。端のくさり目には3目こま編みを編み入れるので、もう一度同じところに針を入れてこま編みを編む。

3 さらにもう一度同じところに針を入れてこま編みを編む。これで同じ目に3目こま編みを編み入れた。

4 作り目の残っているくさり半目に針を入れて、こま編みを編んでいく。

5 1周戻ってきたら、端のくさり目にもう一度針を入れてこま編みを編む。

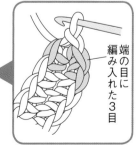

端の目に編み入れた3目

6 段目リングをつけた最初のこま編みの頭に針を入れて引き抜く。1段めの編み終わり。

36ページに続くよ ⟶

7 2段めは立ち上がりのくさり編みを編んだら、前段の1目めにこま編みを2目編み入れる。1目めの頭には段目リングをつけておく。

8 端まで編めたら増し目をする。1段めでくさり編みの端目に編み入れたこま編み3目（★）に、こま編みを2目ずつ編み入れる。

9 こま編み2目ずつ編み入れたところ。続けて反対側まで編む。

10 2段めの編み終わりは、★の目に2目編み入れ、段目リングをつけた目に引き抜く。前段の引き抜き目、2段めの立ち上がりの目に引き抜かないよう注意して。

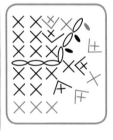

11 3段め。立ち上がりのくさり編みを1目、こま編みを1目編んだら、次は前段の2目めにこま編みを2目編み入れる。1目めの頭には段目リングをつけておく。

12 端まできたら、★の目にこま編みを2目編み入れる。

13 3段めの編み終わりは、★の目にこま編みを2目編み入れて、段目リングをつけた目に引き抜く。前段の引き抜き目、3段めの立ち上がりの目に引き抜かないよう注意して。

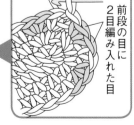

前段の目に2目編み入れた目

14 3段めが編めたところ。立ち上がりをこの位置にすると、バッグなど立体にしたときに段のかわり目が目立たない。

糸の替え方

しま模様など途中で色を替えるときや、
新しい糸玉に替えるときの方法です。
編み終わった糸と新しい糸の糸端は、
糸始末用にそれぞれ15cmほど残しておきます。

段ごとに替える

平編みと輪に編むときで方法が違います。

● 平編みの場合

こま編み

段の最後の目に未完成のこま編み(108ページ)を編む。新しい
糸を左手に持って針に糸をかけ、針にかかっている2つのルー
プを一度に引き抜く。新しい糸がついた。

長編み

段の最後の目に未完成の長編み(108ページ)を編む。新しい糸
を左手に持って針に糸をかけ、針にかかっている2つのループ
を一度に引き抜く。新しい糸がついた。

● 輪編みの場合

こま編み

段の最後の目まで編み、1目めの頭の2本に針を入れる。新し
い糸を左手に持って針に糸をかけ、引き抜き編みをする。

新しい糸がついた。続けて、
新しい糸で立ち上がりのく
さり編みを1目編む。

長編み

段の最後の目まで編み、立ち上がりのくさり編み3目めの半目
と裏山に針を入れる。新しい糸を左手に持って針に糸をかけ、
引き抜き編みをする。

新しい糸がついた。続けて、
新しい糸で立ち上がりのく
さり編みを3目編む。

色を替えて編む場合の
記号図の見方は
71ページを見てね!

段の途中で替える

編み糸の残りが15〜20cmになったら、新しい糸に替えましょう。

こま編み

次の目の頭に針を入れ、未完成のこま編み(108ページ)を編む。
新しい糸を左手に持って針に糸をかけ、針にかかっている2つ
のループを一度に引き抜く。新しい糸がついた。

長編み

次の目の頭に針を入れ、未完成の長編み(108ページ)を編む。
新しい糸を左手に持って針に糸をかけ、針にかかっている2つ
のループを一度に引き抜く。新しい糸がついた。

編み終わりの糸のとめ方

●平編みの場合

1 最後の目を編んだら、針にかかったループを引いて大きくする。

2 針をはずし、糸端を約15cm残して切る。

3 ループの中に糸端を通す。

4 糸端を引いて、ループを引きしめる。

●輪編みの場合
輪編みの編み終わりは、最終段の1目めに引き抜いてもかまいませんが、下のようにすると、よりきれいに仕上がります。1目めと最後の目がつながって見えるようにしましょう。

こま編み

1 最後の目を編んだら、そのまま針にかかったループを引き上げて、糸端を切る（約15cm）。ループを引いて糸端を出し、とじ針に通す。

2 最終段の2目めの頭の2本に、手前から針を入れる。

3 続けて、最後の目の頭に針を入れる。

4 くさり1目の大きさになるように、糸を引く。

長編み

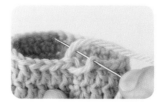

1 最後の目を編んだら、そのまま針にかかったループを引き上げて、糸端を切る（約15cm）。ループを引いて糸端を出し、とじ針に通す。

2 最終段の最初の長編み目（2目め）の頭の2本に、手前から針を入れる。

3 続けて、最後の目の頭に針を入れる。

4 くさり1目の大きさになるように、糸を引く。

糸始末

●横にからげる場合
表に響かないよう、編み地の裏に針をくぐらせ、糸を切る。

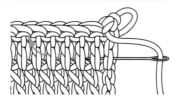

●縦にからげる場合
端目に針をくぐらせ、糸を切る。

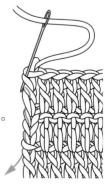

Q 輪編みの段のかわり目。何がどうなっているのか、わからなくなります。

A 印をつけながら、確認してみましょう！

段のかわり目で引き抜き編みをしたり、立ち上がりを編んだりと、混乱しがちな輪編み。カラークリップで印をつけながらどの目が何なのか確認してみましょう。

クローズアップ

輪編み（こま編み）

段の編み終わりの引き抜き目を、1目と数えがちなので要注意。慣れるまでは下の写真のように自信のない箇所にカラークリップをつけながら編んでもいいですね。

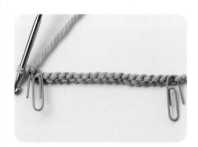
1 作り目のくさり編みを20目編む。1目めの裏山にピンクのクリップ、最終目の裏山に青いクリップをつけておく。

2 くさり編みがねじれないように注意し、ピンクのクリップがついた1目めの裏山に針を入れ、糸をかけて引き抜く。

裏山

裏山
3 立ち上がりのくさり目を編み、もう一度ピンクのクリップ（1目めの裏山）に針を入れ、こま編みを編む。

4 こま編みを編んだところ。これが1段めの1目め。目の頭のくさり状の部分に、赤いクリップをつけておく。

5 ぐるりと1周こま編みを編み、作り目の最終目（青のクリップ）まで編む。最終目の頭に緑のクリップをつける。

40ページに続くよ →

輪編み（こま編み）続き

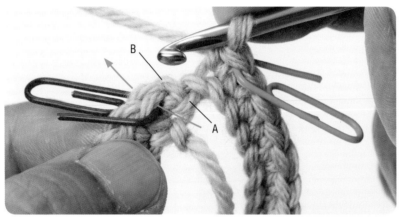

6 赤のクリップのところ（1段めの1目めの頭）に針を入れ、糸をかけて引き抜く。Aは作り目を輪にしたときの引き抜き目、Bは1段めの立ち上がりのくさり目。少し間が開いているように感じるが、AやBに針を入れないよう注意。

7 赤のクリップ（1段めの1目め）に引き抜き、立ち上がりのくさりを編んだところ。同じく赤のクリップの目にこま編みを編み入れる。

8 こま編みを編んだところ。これは2段めの1目め。目の頭のくさり状の部分に黄色いクリップをつける。

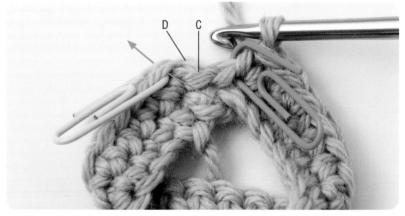

9 2段めの最終目（緑のクリップ）まで編んだら、黄色のクリップの目（2段めの1目めの頭）に針を入れ、糸をかけて引き抜く。Cは1段めの編み終わりの引き抜き目、Dは2段めの立ち上がりのくさり目。CやDに針を入れないよう注意。

クローズ
アップ

輪編み（長編み）

長編みは立ち上がりのくさり目を1目と数えるところが、こま編みと異なります。
中長編みも、同様にして編みます。

1 こま編みの2（39ページ）まで、同様に編む。ピンクのクリップがついた1目めの裏山に針を入れ、糸をかけて引き抜く。

2 立ち上がりのくさり3目を編む。これが1段めの1目めになる。3目めのくさりの半目と裏山に赤いクリップをつけておく。

3 ピンクのクリップの隣の作り目の裏山に長編みを編み入れる。ピンクのクリップの目は1目めの「台の目」。

4 ぐるりと1周、長編みを編み、作り目の最終目（青のクリップ）まで編む。1段めの最終目の頭に緑のクリップをつける。

5 赤のクリップ（立ち上がりの3目めのくさり）に針を入れ、糸をかけて引き抜く。

6 立ち上がりのくさり3目を編み、3目めの半目と裏山に黄色いクリップをつけておく。次に針を入れるのは、赤のクリップをつけた目の隣の目。

7 2段めの最終目（緑のクリップ）まで編んだら、黄色のクリップの目（2段めの立ち上がりの3目めのくさり）に針を入れ、糸をかけて引き抜く。

8 立ち上がりのくさり3目を編む。これが3段めの1目め。次に針を入れるのは、黄色のクリップの隣の目。7、8をくり返して編み進む。

スッキリ！

Q こま編みの目数、段数が数えられません！表と裏すらわからない…。

A 編み地をチェックしてみましょう。

目の高さが低いこま編みは、長編みなどと比べて、目と段を数えるのが難しい編み方です。下に編み地を見るポイントを挙げたので、チェックしてみましょう。1段ごとに色分けした編み地の写真も載せているので数える手がかりにしてみてください。平編みと輪編みでは、特徴が異なるので注意が必要です。

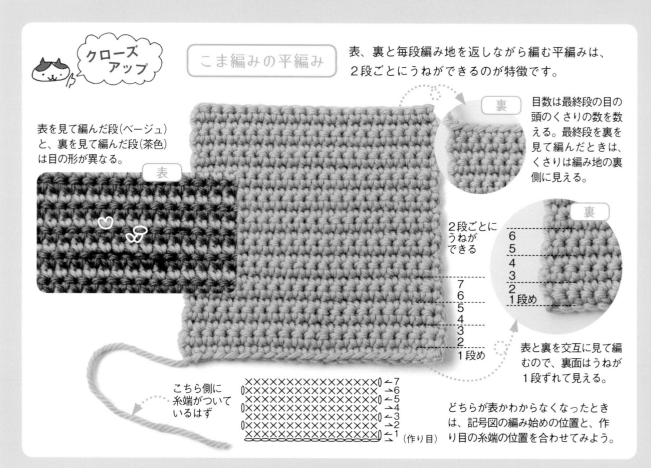

クローズアップ

こま編みの平編み

表、裏と毎段編み地を返しながら編む平編みは、2段ごとにうねができるのが特徴です。

表を見て編んだ段（ベージュ）と、裏を見て編んだ段（茶色）は目の形が異なる。

表

裏

目数は最終段の目の頭のくさりの数を数える。最終段を裏を見て編んだときは、くさりは編み地の裏側に見える。

2段ごとにうねができる

裏

6
5
4
3
2
1段め

7
6
5
4
3
2
1段め

表と裏を交互に見て編むので、裏面はうねが1段ずれて見える。

こちら側に糸端がついているはず

0 ←7
0 ←6
0 ←5
0 ←4
0 ←3
0 ←2
←1 (作り目)

どちらが表かわからなくなったときは、記号図の編み始めの位置と、作り目の糸端の位置を合わせてみよう。

目数は…	最終段の目の頭のくさり状になっている部分が数えやすいです。
段数は…	平編みは、2段ごとに編み地にうねができます。 42ページの写真を参考に2段ずつ数えると数えやすいです。 輪編みはどの段も同じ目の形をしているので、 目の形を覚えて1段ずつ数えましょう。
裏表は…	平編みは、記号図の編み始めの位置と、 作り目の糸端の位置を合わせて見るとわかりやすいです。 輪編みは、編み目の形が表裏で異なるので、目の形で見分けましょう。
目数も段数も、 慣れないうちは こまめにチェックしよう！	目数や段数は、編みものに慣れて編み目が安定してくると徐々に 数えられるようになります。慣れないうちは、1目1目数えながら編んだり、 何段編んだかを毎段メモするなど、こまめにチェックするのがおススメです。

クローズ アップ

こま編みの輪編み

毎段表を見てぐるぐる編む輪編みは、こま編みの表側だけが表れるプレーンな編み地が特徴です。

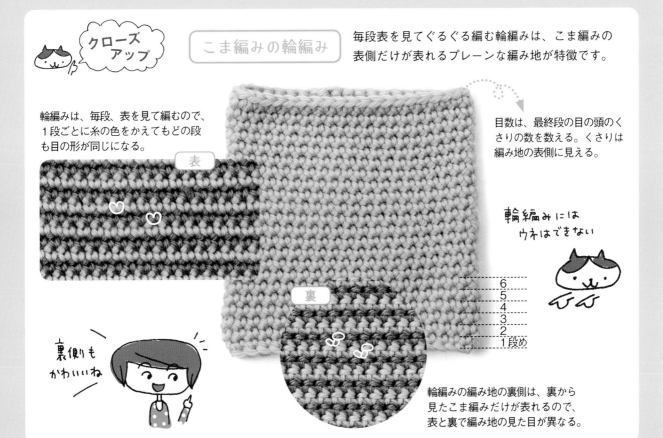

輪編みは、毎段、表を見て編むので、1段ごとに糸の色をかえてもどの段も目の形が同じになる。

表

目数は、最終段の目の頭のくさりの数を数える。くさりは編み地の表側に見える。

輪編みにはウラはできない

裏側もかわいいね

裏

6
5
4
3
2
1段め

輪編みの編み地の裏側は、裏から見たこま編みだけが表れるので、表と裏で編み地の見た目が異なる。

お悩み Q&A

Q 輪編みの編み地に筋が入っちゃうんですけど…
どこか間違っていますか？

A 立ち上がりを編む輪編みでは、
段のかわり目に筋が入ります。

立ち上がりを編む輪編みでは、段の１目めと編み終わりを引き抜き編みでつないだ部分に、どうしても筋が入ってしまいます。引き抜いた目をぎゅっと引きしめて小さくすれば、多少目立たなくなります。立ち上がりを編まず、らせん状に編む方法もあり、そちらは筋は入りません。編みぐるみや帽子などでよく使われます。

この筋が気になることも…

立ち上がりのない輪編み

1 糸端を輪にする作り目をし（30ページ）、6目こま編みを編んで、中心を引きしめる。

2 2段めの1目めに針を入れ、そのままこま編みを編む。

3 こま編みを編んだところ。これが2段めの1目めになる。段の編み始めが見分けにくいので、目の頭に段目リングをつけておく。

4 増し目しながら2段めを編み、そのまま続けて3段めを編む。各段の1目めを編んだら、段目リングをつけかえる。

5 編み終わりは、前段の1目めに引き抜き編みを編む。

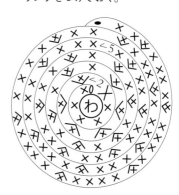

知っておこう

立ち上がりを編まない輪編みは、らせん状に編んでいくため、しま模様など、色や柄を替える場合、段のかわり目が1段ずれてしまいます。作品のデザインや用途に合った方法で編みましょう。

〈立ち上がりを編む輪編み〉
筋が入るが、段はずれない。

〈立ち上がりのない輪編み〉
筋は入らないが、段がずれる。

Q 輪編みの立ち上がりの位置が斜めにずれていくんですが…。

A 「斜行」といって、輪編みの特徴です。

かぎ針編みの目の頭は、根元より右にずれているため、常に表を見て編む輪編みでは、編み地が右にゆがんでいきます。表と裏を交互に見て編む方法もあり、模様編みの作品によく使われます。

頭

根元

編み進むにつれ、右にずれていく。

表と裏を交互に見て編む輪編み

表

1 1段めを表を見て編み、引き抜き編みをしたら、立ち上がりのくさりを編み、編み地を矢印の向きに裏返す。

裏

2 2段めは輪の裏側を手前にする。前段の目の頭に針を入れる。

裏

3 2段めは裏を見ながら編み進める。3段めは1と同様に編み地の向きをかえ、表を見ながら編む。

くさりから
裏山すくえ
1段め

迷わずすくえるように
なったら一人前

作り目を拾う1段めは一番編みにくいもの。慣れないうちは、くさり編みから裏山を探すのもひと苦労です。裏山を拾うのが難しい場合は、16ページの別の方法で拾っても構いません。くさり編みをゆるく編むのもポイントです（24ページ）。

くわしい解説を
読んで編んでスッキリ

編み図と
記号図の見方

かぎ針編み初心者のお悩みナンバー1は、何といっても「図の見方」がわからないこと。

特に記号図は、どこが1段なのか、記号はどこに続いているのか、

さっぱりわからない…という人も多いのでは？

ここでは初心者がつまずきがちなポイントを、

いろいろなパターンの記号図を例に解説しました。

かわいいモチーフを編みながら、図の見方を覚えましょう。

編み方ページの見方、教えます

編み方ページに書かれているのはこんなこと

編み方説明

編み方ページの最初に書かれている部分。必要な糸と用具、ゲージやサイズなどの情報に加え、図には書かれていない編み方手順などがくわしく書かれています。編み始める前によく読んで、手順を把握しておきましょう。

材料	編み方
糸／ハマナカソノモノアルパカウール 生成り(41)210g 用具／10/0号かぎ針、とじ針 ゲージ／②模様編み17目、10段＝10cm角 でき上がり寸法／15cm×183cm	糸はソノモノアルパカウール1本どりで編みます。くさり編みを25目編んで作り目し、①模様編みを2段、②模様編みを141段、①模様編みを2段編みます。糸始末をして、両端にフリンジをつけ、切りそろえます。

編み図

作品の全体図に、サイズ、目数・段数や編み方が書かれている。「製図」と呼ぶことも。編み図のくわしい見方は➡49ページ〜。

記号図

編み目記号で、具体的な編み方を表した図。サイズや目数を記して編み図を兼ねたものもある。記号図のパターン別くわしい解説は➡52ページ〜。

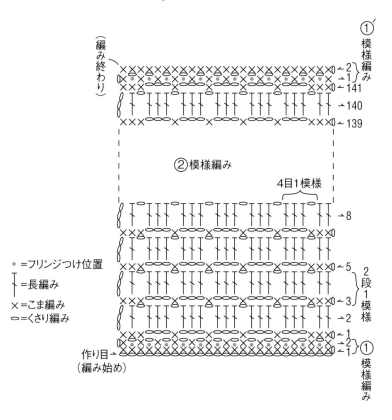

編み図の見方

作品によって、編み図の描き方も異なります。
ここでは４つのパターンを挙げて、それぞれの見方を紹介します。

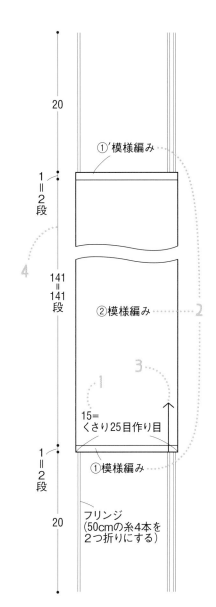

平面的な作品の編み図1

1 15＝くさり25目作り目
「15cmにするためにくさり編みで25目作り目する」という意味。15c＝25目と書く場合もある。単位のcmは省略されることが多い。

2 編み方
作品の編み方を示している。この作品は①模様編み、②模様編み、①′模様編みの3種類で編まれており、それぞれの編み方は記号図を参照する。

3 ↑
矢印は編み方向を表している。↑は、25目作り目したところから上に向かって編むという意味。

4 段数と寸法
それぞれの模様編みの段数と長さ・フリンジの長さまで全部足したものが、でき上がり寸法となる。単位のcmは省略されることが多い。

平面的な作品の編み図2

1 ～ 4 は上の編み図の見方と同じ。

5 縁編み

編み地の端を整えたり、作品の周囲を装飾する縁編みは、かぎ針編みによく使われる技法。本体を編み終わってから、図に描かれている目数を拾って編む。右の図は、拾い目した位置から各辺外側に向かって編み進むことを意味する。

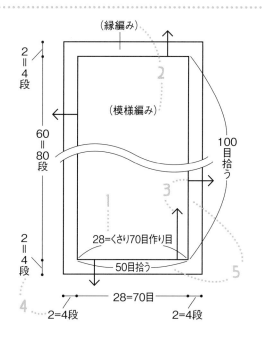

50ページに続くよ ➡

編み図の見方…立体的な作品の編み図／モチーフつなぎの配置図

立体的な作品の編み図

上は丸底のポーチの編み図、下は四角い小物入れの編み図。

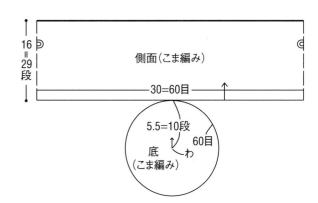

特徴 側面の両わきは破線

立体的な作品の多くは、底から編み始め、そのまま側面をぐるぐる編み進める。そのため側面の図は、両わきがつながっていることを表す破線になっている。

特徴 合い印に注目

立体的な図を平面で表しているので、どこがどことつながっているのか、合い印で表記することが多い。下の図は底を編んだあと、上辺はそのまま編み続けるが、他の3辺は矢印でつながった同じ合い印の部分につながるよう、目を拾って編み進むことを表している。

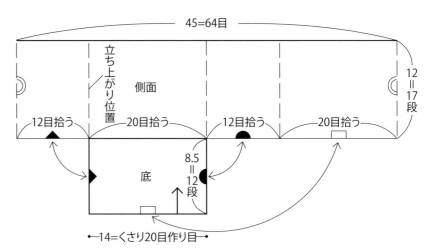

モチーフつなぎの配置図

特徴 モチーフのつなぎ方とつなぐ順番が描かれている

モチーフを編みながらつないで作る作品は、つなぐ順番が描かれた配置図を見ながら編み進める。モチーフの枚数や各モチーフの寸法も、この図に表記される。

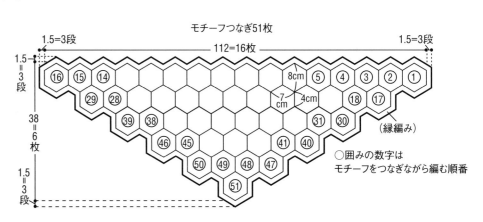

記号の見方

かぎ針編み初心者のお悩みナンバー1は、「記号図の見方」。
まずは編み目記号と記号図の基本的な読み方を解説します。

「編み目記号」は編み目の形

複雑な記号図を見ると、「自分には無理！」とあきらめて
しまいがち。でも、実際の編み目と記号を見比べてみて。
編み目記号は編み目の形を簡略化したもの。どこに針を
入れて、次にどの目を編むかわかれば、あとは記号をた
どりながら編むだけです。下の5つの編み目記号の見方
を覚えて、実際に編んでみましょう。

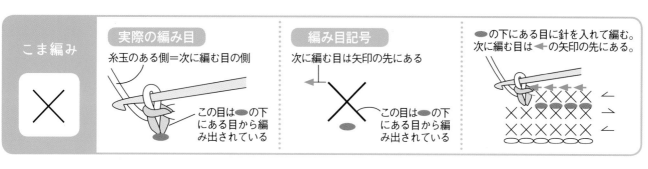

こま編み

実際の編み目
糸玉のある側＝次に編む目の側
この目は●の下にある目から編み出されている

編み目記号
次に編む目は矢印の先にある
この目は●の下にある目から編み出されている

●の下にある目に針を入れて編む。次に編む目は←の矢印の先にある。

中長編み

実際の編み目
糸玉のある側＝次に編む目の側
この目は●の下にある目から編み出されている

編み目記号
次に編む目は矢印の先にある
この目は●の下にある目から編み出されている

●の下にある目に針を入れて編む。次に編む目は←の矢印の先にある。

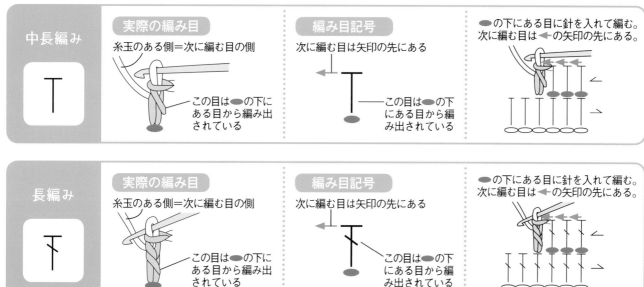

長編み

実際の編み目
糸玉のある側＝次に編む目の側
この目は●の下にある目から編み出されている

編み目記号
次に編む目は矢印の先にある
この目は●の下にある目から編み出されている

●の下にある目に針を入れて編む。次に編む目は←の矢印の先にある。

くさり編み

編み目記号
次に編む目は矢印の先
この目はここに続く目から編み出されている

●の手前の目に針を入れて編む。次に編む目は←の矢印の先にある。

引き抜き編み

編み目記号
次に編む目は矢印の先
この目はこの下にある目から編み出されている

●の下にある目に針を入れて編む。次に編む目は←の矢印の先にある。

次は実践編！ 初～中級者向けの編みものの本でよく使われる編み目記号の作品を
実際に編みながら、編み図の見方に自信をつけましょう！

ドイリーを編みながら 記号図にクローズアップ！

ここからは9つの作品を編みながら、記号図の見方をマスターしましょう。
まずはかんたんな作品から、徐々にステップアップして見方がわかりにくい記号図の作品まで、
図の見方を1段ごとに丁寧に説明しています。
「なるほど！」「こう見ればいいんだ！」と、難解そうに見える記号図が、かんたんに見られるようになりますよ。

デザイン・制作／shizuka

No.1 編み始めを見つけよう
―各段の目の高さが同じ平編み―

最初は各段の目の高さが同じ、平編みの記号図。
編み始めのスタート地点さえ見つけられれば、
あとは53ページのように記号をたどっていくだけで
編むことができます。

材料　糸／ハマナカエクシードウールL〈並太〉
生成り（302）少々
用具／6/0号かぎ針　とじ針
でき上がり寸法／10cm×9.5cm

編み方の特徴と図の見方のコツ

- まず編み始めの位置を見つける。1段めの立ち上がりのくさり編みの反対側の端が編み始め。
- 奇数段は表を見ながら、偶数段は裏を見ながら編む。

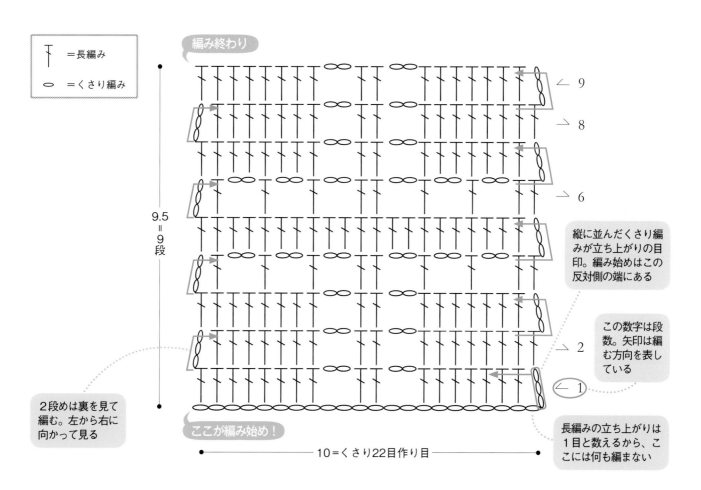

T =長編み

◯ =くさり編み

編み終わり

縦に並んだくさり編みが立ち上がりの目印。編み始めはこの反対側の端にある

この数字は段数。矢印は編む方向を表している

9.5 = 9段

2段めは裏を見て編む。左から右に向かって見る

ここが編み始め！

10 = くさり22目作り目

長編みの立ち上がりは1目と数えるから、ここには何も編まない

作り目	くさり編みで22目作り目をする。
1段め	編み始め：立ち上がりのくさり編みを3目編む。作り目の拾い方は、くさりの裏山を拾う方法(16ページ)。模様：長編み7目、くさり編み2目、長編み2目、くさり編み2目、長編み8目を編む。編み終わり：2段めの立ち上がりのくさり編みを3目編み、編み地を裏返す。
2〜3段め	1段めと同じ編み方。2段めは編み地の裏を見ながら編む。
4段め	編み地の裏を見ながら編む。両端と中央が長編み2目（編み始めは立ち上がりのくさり3目と長編み1目）、端と中央の間はくさり編み2目と長編み1目をくり返し編む。
5段め	長編みで22目編む（立ち上がりのくさり含めて）。前段がくさり編みの部分は、くさり編みごとくるむようにして長編みを編む。
6〜9段め	1〜4段めと対称に編む。

No.2

円は中心から左回りに
―各段の目の高さが同じ円編み―

次は円編みです。
円形の編み地は中心で作り目をして、左回りに編み進み、
1段ずつ円の外周を広げていきます。
円編みの編み進み方をおさらいしながら見てみましょう。

材料
糸／ハマナカエクシードウールL〈並太〉
生成り（302）少々
用具／6/0号かぎ針　とじ針
でき上がり寸法／直径10cm

編み方の特徴と図の見方のコツ

- 中心で糸端を輪にする作り目をし、編み地の表を見ながら左回りに編む。
- 各段同じ模様を8回くり返す。編み始めも立ち上がりの目のほかは同じ編み方をする。
- 長編みの前段への編み入れ方が2種類あるので、その区別をする。

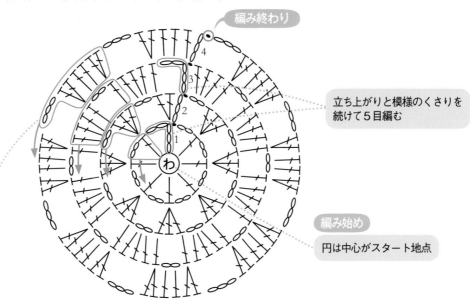

```
   = 長編み2目
     編み入れる

   = 長編み3目
     編み入れる

   = 長編み

○  = くさり編み

●  = 引き抜き編み
```

編み終わり

立ち上がりと模様のくさりを
続けて5目編む

編み始め

円は中心がスタート地点

1模様ごと区切ってみると
わかりやすい。1模様を左
回りにくり返す

作 り 目　糸端を輪にする作り目（30ページ）。

1 段 め　編み始め：くさり編み3目で立ち上がる。
模様：「長編み1目→くさり編み2目」で
1模様（各段最初の模様は長編み1目の
かわりに立ち上がりのくさり3目）。編
み終わり：作り目の糸端を引きしめ、立
ち上がりのくさり編み3目めの半目と裏
山に引き抜く。

2 段 め　編み始め：くさり編み3目で立ち上がる。
模様：「長編み3目編み入れる→くさり
編み2目」で1模様。編み終わり：立ち
上がりのくさり編み3目めの半目と裏山
に引き抜く。

3 段 め　編み始め：くさり編み3目で立ち上がる。
模様：「長編み1目→くさり編み2目→
長編み1目→長編み3目」で1模様。編
み終わり：2段めと同じ。

4 段 め　編み始め：くさり編み3目で立ち上がる。
模様：「長編み2目編み入れる→長編み
2目→長編み2目編み入れる→くさり編
み3目」で1模様。編み終わり：2段め
と同じ。

かぎ針ワンポイント

Ψ と $\Psi\!\Psi$ の違い

長編みを前段の目に3目（4段めでは2目）編む場合、記号の根元の
形で編み入れ方が異なります。

2段め

長編みの記号の根元がくっつ
いている場合は、前段の目の
頭の2本に針を入れます。

3段め

長編みの記号の根元が離れ
ている場合は、前段の目（こ
の場合はくさり編み）を丸ごと
くって編みます。このような拾
い方を「束に拾う」といいます。

No.3 複雑なものは色分けして わかりやすく①
—各段の目の高さが異なる平編み—

かぎ針編みの記号図がわかりづらい理由の１つは、
それぞれの記号の目の高さが異なること。
この作品は奇数段がくさり編み１目分、
偶数段がくさり編み３目分の高さなので、
一瞬どこが１段なのか迷うかもしれません。
図のように色を塗ったり、
線を引いて段の境目を区切るとわかりやすいです。

材料
糸／ハマナカエクシードウールL〈並太〉
生成り(302)少々
用具／6/0号かぎ針　とじ針
でき上がり寸法／9.5cm角

編み方の特徴と図の見方のコツ

- まず編み始めの位置を見つける。1段ごとに色分けするとわかりやすい。
- 奇数段と偶数段で目の高さが異なっている。
- 模様は規則的なくり返しでできている。

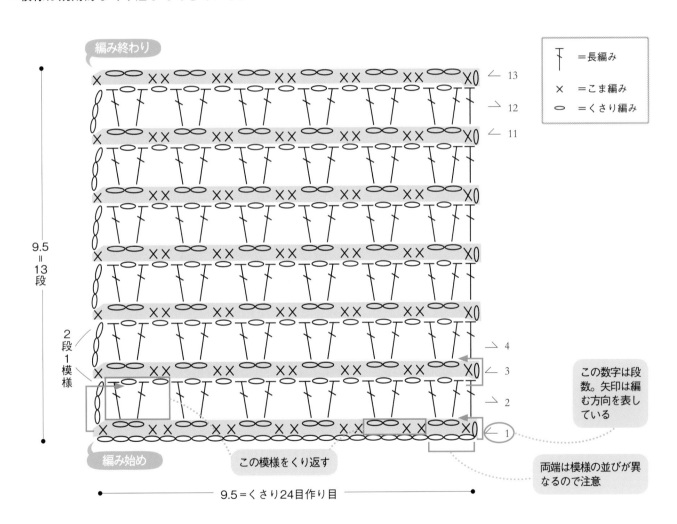

作り目　くさり編みで24目作り目をする。

1段め　編み始め：くさり編み1目で立ち上がる。作り目の拾い方は、くさりの裏山を拾う方法（16ページ）。模様：図に青で囲んだ4目で1模様。編み終わり：2段めの立ち上がりのくさり編みを3目編み、編み地を裏返す。

2段め　偶数段は編み地の裏を見ながら編む。模様：1段めと同じように4目で1模様。長編みは段の最後の目以外は、前段のくさり編みを束（そく）に拾う（55ページ）。編み終わり：3段めの立ち上がりのくさり編みを1目編み、編み地を裏返す。

2段で1模様なので、3段め以降はこの4目2段の1模様を繰り返し、12段めまで編む。13段めは1段めと同じ編み方。

57

No.4

複雑なものは色分けして わかりやすく②

―各段の目の高さが異なり、直線で区切れない平編み―

少し難しくなってきました。
この作品は段の境目を直線で区切ることができません。
段ごとに目の高さも異なるので、
どこが１段かを追うのが、
慣れないうちは難しいかもしれませんね。
まずは色分けして段の区切りを明確にしてみましょう。

材料
糸／ハマナカエクシードウールL〈並太〉
生成り（302）少々
用具／6/0号かぎ針　とじ針
でき上がり寸法／9.5cm角

58

編み方の特徴と図の見方のコツ

● まず編み始めの位置を見つける。

● 模様が扇形になっていて、1段を直線で区切れない。1段ごとに色分けするとわかりやすい。

● 作り目のくさり編みを右から左に編み、奇数段は裏を、偶数段は表を見ながら編む。

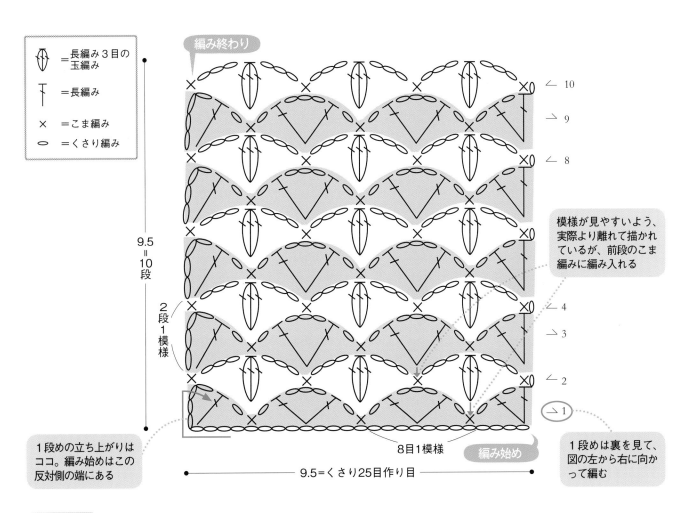

模様が見やすいよう、実際より離れて描かれているが、前段のこま編みに編み入れる

1段めの立ち上がりはココ。編み始めはこの反対側の端にある

8目1模様

1段めは裏を見て、図の左から右に向かって編む

9.5＝くさり25目作り目

| 作り目 | くさり編みを25目編む。 |

1段め 編み始め：立ち上がりのくさり編みを3目編む。模様：くさり編みと長編みで図のように編む。扇形の根元は、くさりの裏山を拾う方法で、4目ごとにこま編みと長編みを編み入れる。編み終わり：2段めの立ち上がりのくさり編みを1目編み、編み地を裏返す。

2段め 編み始め：前段の端目にこま編みを編む。模様：くさり編みと長編み3目の玉編み（115ページ）を図のようにくり返す。こま編みは、段の最初の目以外は、前段のくさり編みを束に拾う方法（55ページ）で編む。長編み3目の玉編みは、前段のこま編みに編む。編み終わり：3段めの立ち上がりのくさり編みを3目編み、編み地を裏返す。

8目2段で1模様なので、3段め以降はこれをくり返し、10段めまで編む。

No.5

複雑なものは色分けして わかりやすく③

―各段の目の高さが異なり、直線で区切れない円編み―

かぎ針編みならではの繊細なモチーフですが、
これもどこが１段かを見分けるのが難しい例。
右ページのように色分けするのがおススメです。
また各段、１模様がどこからどこまでか
理解しながら編むと、リズミカルに編み進められます。

材料
糸／ハマナカボーム〈彩土染め〉
サーモンピンク(43)少々
用具／5/0号かぎ針　とじ針
でき上がり寸法／直径12cm

編み方の特徴と図の見方のコツ

- 中心でくさり編みを輪にする作り目をし、左回りに編む。
- 1〜3段めは段の最後の編み方に注目。本来編むくさり編みを中長編み、長編みに置き換えて次の段の模様につなげている。
- 3段めと5段めはくさり編みとこま編みだけで編まれている。段の高さが低いので、わかりにくいが、次の段を編むための土台の役割。
- 各段同じ模様を8回くり返す。編み始めも立ち上がりの目のほかは同じ編み方をする。

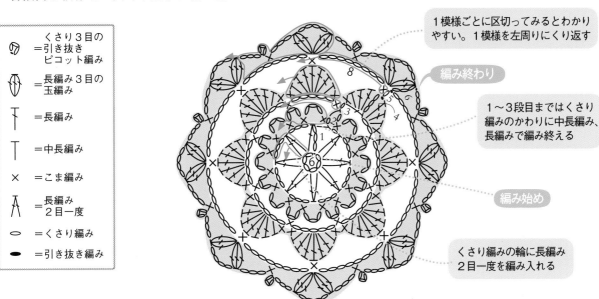

くさり3目の
=引き抜き
ピコット編み

=長編み3目の
玉編み

=長編み

=中長編み

×=こま編み

=長編み
2目一度

○=くさり編み

●=引き抜き編み

1模様ごとに区切ってみるとわかりやすい。1模様を左周りにくり返す

編み終わり

1〜3段目まではくさり編みのかわりに中長編み、長編みで編み終える

編み始め

くさり編みの輪に長編み2目一度を編み入れる

作り目 くさり編みを輪にする作り目（32ページ）。輪の中に「6」と書かれているのは、くさり編みの目数。くさり編みを6目編み、輪にする。

1段め 編み始め：くさり編み3目で立ち上がる。模様：「長編み2目一度とくさり編み3目」で1模様。編み終わり：くさり編みを1目編んだら中長編みを、最初の長編み2目一度の頭に編む（62ページ）。

2段め 編み始め：前段の最後の中長編みからくさり1目で立ち上がる。模様：「こま編み→くさり編み3目→こま編み→くさり編み3目」で1模様。こま編みは前段のくさり編み（1目めは前段の中長編みの脚）を束に拾う（55ページ）。編み終わり：くさり編み3目をくさり1目＋中長編み1目に置き換え、中長編みを最初のこま編みの頭に編む（62ページ）。

3段め 編み始め：くさり編み1目で立ち上がる。模様：「こま編みとくさり編み5目」で1模様。こま編みは前段のくさり3目のループに1つおきに、くさり編みを束に拾って編む。編み終わり：くさり編み5目の

部分をくさり2目＋長編み1目に置き換え、最初のこま編みの頭に編む（62ページ）。

4段め 編み始め：くさり編み3目で立ち上がる。模様：「こま編み→中長編み→長編み5目→中長編み→こま編み」（1模様）で扇形を作り、前段のくさり編み5目部分を束に拾う。段の始めは模様の途中から始まる。編み終わり：立ち上がりのくさり3目めの半目と裏山に引き抜く。

5段め 編み始め：くさり編み1目で立ち上がる。模様：「こま編みとくさり編み8目」で1模様。図のくさり編みの下に「8」と書かれているのは、くさり編みの目数。編み終わり：1目めのこま編みの頭に引き抜く。

6段め 編み始め：くさり編み3目で立ち上がる。模様：「長編み3目の玉編み→くさり編み4目→長編み3目の玉編み→くさり編み3目→こま編み→くさり編み3目の引き抜きピコット編み（127ページ）→くさり編み3目」で1模様。編み終わり：編み始めの長編み3目の玉編みの頭に引き抜く。

かぎ針ワンポイント

↑と↗を覚えよう

円編みの編み終わりは、引き抜き編みだけとは限りません。花びらを描くようなネット編み（くさり編みを扇形にネットのように編む編み方）では、次の段の模様にスムーズにつなげるために、段の編み終わりをくさり2目分の代わりに中長編み、くさり3目分の代わりに長編みを編むことがあります。

No.5のモチーフでは、1段めの編み終わりを中長編みでくさり2目分を編んでいます。

3段めの編み終わりは、長編みでくさり3目分を編んでいます。

かぎ針ワンポイント

小さな工夫で編み図を見やすく！ 編み図にひと手間プラスすると、作品がぐっと編みやすくなります。

1 色分けしよう

一見複雑そうに見える編み図は、色えんぴつで、段ごとに色分けしてみましょう。編む手順を把握してから編み始められるので、途中でつまずくことが少なくなります。

2 模様ごとに区切ろう

多くの作品は、いくつかの模様や柄のくり返しでできています。難しく見えても、1模様ごとに区切って見ると意外とわかりやすいもの。1模様を見るだけで、記号図を全部たどらなくても編み進めることができます。

3 ときにはコピーも有効活用

編み図が小さくて見にくいときは、拡大コピーをするのも1つの方法です。図が省略されていてわかりにくいときはコピーして貼り合わせる…。編み図を見やすくするひと手間がスムーズな作品作りに役立ちます。

4 こまめにチェック

編み方が正しいか、どこまで編んだか…。こまめに編み図と編み地を見比べて確認することが、間違いを防ぐ近道になります。

No.6 いろいろな記号図①
―引き上げ編みで編む立体モチーフ―

花びらが幾重にも重なっているように見えるモチーフ。
点線でつながった引き上げ編みの編み方が
わからなくてあきらめている人もいるのでは？
引き上げ編み部分は写真入りで解説したので、
ぜひチャレンジしてみてください。

糸／ハマナカポーム〈彩土染め〉
生成り(41)少々
用具／5/0号かぎ針　とじ針
でき上がり寸法／直径7cm

編み方の特徴と図の見方のコツ

● 中心で糸端を輪にする作り目をし、左回りに編む。

● 4段めと6段めは「こま編み裏引き上げ編み」を前々段に編み入れる。

● 同じ記号でも図の中で大きさが違って描かれることがあるが、編み方はすべて同じ。

● 2段め以降、各段同じ模様を8回くり返す。編み始めも立ち上がりの目のほかは同じ編み方をする。

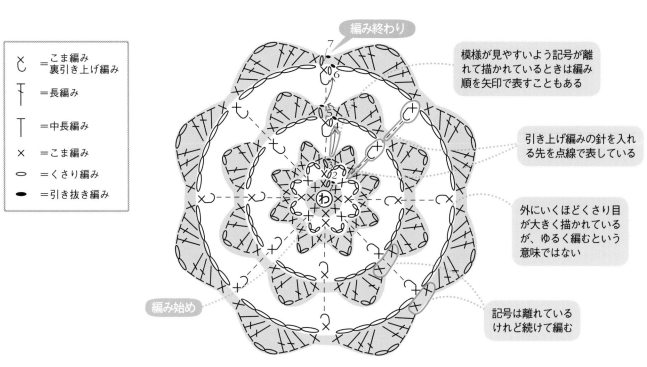

記号凡例:
- し ＝こま編み裏引き上げ編み
- T ＝長編み
- T ＝中長編み
- × ＝こま編み
- ○ ＝くさり編み
- ● ＝引き抜き編み

編み終わり

模様が見やすいよう記号が離れて描かれているときは編み順を矢印で表すこともある

引き上げ編みの針を入れる先を点線で表している

外にいくほどくさり目が大きく描かれているが、ゆるく編むという意味ではない

記号は離れているけれど続けて編む

編み始め

| 作り目 | 糸端を輪にする作り目（30ページ） |

1 段め 編み始め：くさり編み1目で立ち上がる。模様：こま編みを8目作り目の輪に編み入れる。編み終わり：作り目の糸端を引きしめ、1目めのこま編みの頭に引き抜く。

2 段め 編み始め：くさり編み1目で立ち上がる。模様：「こま編み1目→くさり編み3目」で1模様。こま編みは前段のこま編みに編みつける。編み終わり：1目めのこま編みの頭に引き抜く。

3 段め 編み始め：くさり編み1目で立ち上がる。模様：「こま編み→中長編み→くさり編み2目→中長編み→こま編み」で1模様。こま編みと中長編みは前段のくさり3目を束に拾って編みつける。編み終わり：2段めと同じ。

4 段め 編み始め：くさり編み1目で立ち上がる。模様：「こま編み裏引き上げ編み（124ページ）→くさり編み4

目」で1模様。引き上げ編みは2段めのこま編みに編みつける（65ページ）。編み終わり：1目めのこま編み裏引き上げ編みに引き抜く。

5 段め 編み始め：くさり編み1目で立ち上がる。模様：「こま編み→中長編み→長編み→くさり編み2目→長編み→中長編み→こま編み」で1模様。前段のくさり編み4目を束に拾って編みつける。編み終わり：2段めと同じ。

6 段め 編み始め：くさり編み1目で立ち上がる。模様：「こま編み裏引き上げ編み→くさり編み5目」で1模様。引き上げ編みは4段めのこま編み裏引き上げ編みに編みつける。編み終わり：4段めと同じ。

7 段め 編み始め：くさり編み1目で立ち上がる。模様：「こま編み→中長編み→長編み2目→くさり編み2目→長編み2目→中長編み→こま編み」で1模様。前段のくさり編み5目を束に拾って編みつける。編み終わり：2段めと同じ。

4・6段めのこま編み裏引き上げ編みの編み方

1 4段め。写真は最初の引き上げ編みとくさり編みを4目編んだあと。矢印のように2段めのこま編みの脚に針をくぐらせる。

2 針に糸をかけて、矢印のように引き出す。右は裏から見た状態。

糸が渡る

3 こま編み裏引き上げ編みを編んだところ。2段めのこま編みに糸が渡る。

4 続けてまたくさり編みを4目編み、2段めのこま編みの脚に針をくぐらせ編む。同様にくり返す。

5 6段め。4段めと同様に編むが、3段めまでを前に倒しておくと、くぐらせる脚が見えて編みやすい。6段めはくさり編みを5目編み、4段めの引き上げ編みの脚に針を通して、こま編み裏引き上げ編みを編む。

No.7 いろいろな記号図②
―離れて見えて実はつながっている記号図―

小物入れやバッグなど、
底を作ってから立体に編み進める作品も、
本では平面的な図で編み方を説明するしかありません。
ここでは立体的な作品の図の見方をマスターしましょう。

材料
糸／ハマナカアランツィード　生成り（1）少々
用具／8/0号かぎ針　とじ針
でき上がり寸法／直径8cm　高さ4cm

編み方の特徴と図の見方のコツ

● 中心で糸端を輪にする作り目をし、左回りに編む。
● 底から続けて側面を編む。

● 側面は目の増減はない。
● 記号図の底と側面の点線は、実際の編み地でつながっている。

編み図

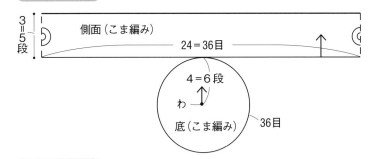

底と側面の図に分けて描かれる。側面の両わきの ） と （ の記号は、その部分がつながっていることを表す合い印で、線も実線ではなく破線で表記する。底の中央から編み始めて、側面もそのまま続けて編む。

記号図

編み終わり

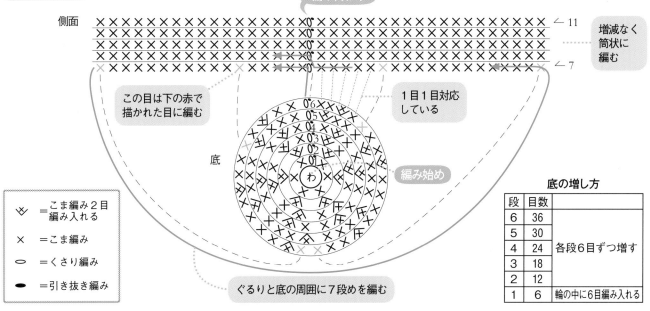

増減なく筒状に編む

この目は下の赤で描かれた目に編む

1目1目対応している

編み始め

ぐるりと底の周囲に7段めを編む

底の増し方

段	目数	
6	36	
5	30	
4	24	各段6目ずつ増す
3	18	
2	12	
1	6	輪の中に6目編み入れる

= こま編み2目編み入れる

× = こま編み

○ = くさり編み

● = 引き抜き編み

作り目 糸端を輪にする作り目（30ページ）をする。

1～6段め 編み始め：各段くさり1目で立ち上がる。模様：1段めはこま編みを作り目の輪に6目編み入れる。2段め以降各段で6目ずつ増し目をし、6段めまで編む。各段で増し目の位置が異なるので、記号図をよく見ながら編む。編み終わり：各段の最初のこま編みの頭に引き抜く。

7～11段め 編み始め：各段くさり1目で立ち上がる。模様：7段めからは増し目をせずにこま編みで編む。側面と底をつないでいる点線は、実際にこの点線の先にある目（赤で描かれた記号）どうしがつながっていることを意味する。編み終わり：各段の最初のこま編みの頭に引き抜く。

No.8 いろいろな記号図③
―引き抜き編みで模様をつなげる円編み―

輪編みは、次の段に模様をスムーズに
つなげるために、段の編み終わりで
引き抜き編みを数目編むことがあります。
引き抜き編みは、図の中でも
記号の大きさが一定でないことが多く
どこに引き抜くのか、次はどこに進むのかが
わかりづらいかもしれません。
次の段に編み進むときの引き抜き編みの
編み方を覚えましょう。

材料
糸／ハマナカエクシードウールL〈並太〉
生成り（302）少々
用具／6/0号かぎ針　とじ針
でき上がり寸法／直径12.5cm

編み方の特徴と図の見方のコツ

- 中心で糸端を輪にする作り目をし、左回りに編み進む。
- 2〜5段めの編み終わりは、引き抜き編みを2目以上編むことで次の段の模様の始まり位置まで移動している。
- 2段め以降、各段同じ模様を6回くり返す。編み始めも立ち上がりの目のほかは同じ編み方をする。
- 図の中のくさり編み、引き抜き編みの記号の大きさは一定ではないが、編み方はすべて同じ。

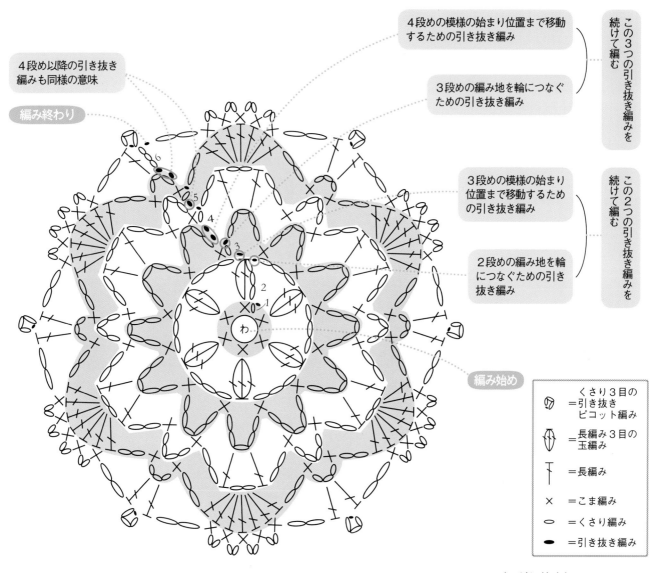

4段めの模様の始まり位置まで移動するための引き抜き編み

3段めの編み地を輪につなぐための引き抜き編み

この3つの引き抜き編みを続けて編む

4段め以降の引き抜き編みも同様の意味

編み終わり

3段めの模様の始まり位置まで移動するための引き抜き編み

2段めの編み地を輪につなぐための引き抜き編み

この2つの引き抜き編みを続けて編む

編み始め

⬡	＝くさり3目の引き抜きピコット編み
⬢	＝長編み3目の玉編み
┼	＝長編み
×	＝こま編み
◯	＝くさり編み
●	＝引き抜き編み

70ページに続くよ ➡

作り目	糸端を輪にする作り目（30ページ）

1段め	編み始め：くさり1目で立ち上がる。模様：こま編みを6目、作り目の輪に編み入れる。編み終わり：作り目の糸端を引きしめ、1目めのこま編みの頭に引き抜く。

2段め	編み始め：くさり編み3目で立ち上がる。模様：「長編み3目の玉編み→くさり編み3目」で1模様。玉編みは1段めのこま編みの頭に編み入れる。編み終わり：長編み3目の玉編みの頭に引き抜き、次のくさり編み3目を束に拾って引き抜く。

2段めの編み終わりの引き抜き編み

最初の引き抜き編みは、玉編みの頭に引き抜く。　　　　次の引き抜き編みは、くさり3目のループを束に拾って引き抜く。

3段め	編み始め：くさり1目で立ち上がる。模様：「こま編み1目、くさり編み5目を2回」で1模様。こま編みを前段のくさり3目のループに束に編みつける。編み終わり：最初のこま編み目に引き抜き、続けてくさり編み5目のループに2回引き抜く。

3段めの編み終わりの引き抜き編み

最初の引き抜き編みは、1目めのこま編みの頭に引き抜く。　　　　次の引き抜き編みはくさり5目のループの最初の目の半目と裏山に引き抜く。さらにもう一度次のくさり目の半目と裏山に引き抜く。

4段め	編み始め：くさり1目で立ち上がる。模様：「こま編み→くさり編み4目→こま編み→くさり編み2目→長編み→くさり編み2目→長編み→くさり編み2目」で1模様。こま編みと長編みは前段のくさり編みを束に拾って編みつける。編み終わり：3段めと同様に最初のこま編み目の頭に引き抜き、続けてくさり編み4目のループの最初の1目の半目と裏山に引き抜く。

5段め	編み始め：くさり1目で立ち上がる。模様：「こま編み→くさり編み3目→こま編み→くさり編み2目→長編み7目→くさり編み2目」で1模様。編み終わり：最初のこま編みの頭に引き抜き、続けて3段めと同様にくさり編み2目に引き抜く。

6段め	編み始め：くさり編み3目で立ち上がる。模様：「長編み→くさり3目の引き抜きピコット編み→長編み→くさり編み2目→こま編み、くさり編み2目を4回→こま編み→くさり編み2目」で1模様。編み終わり：立ち上がりのくさり3目めの半目と裏山に引き抜く。

No.8 バリエーション
いろいろな記号図④
―色を替えて編む―

No.8と同じモチーフを2色で編んでいます。
多色で編むときに記号図に出てくるのが
╱（糸を切る）と╱（糸をつける）の記号。
記号の見方と糸の替え方を覚えましょう。

材料
糸／ハマナカポーム〈彩土染め〉生成り(41)、サーモンピンク(43)
各少々
用具／5/0号かぎ針　とじ針
でき上がり寸法／直径12cm

╱	=糸を切る
╱	=糸をつける
⊕	=くさり3目の引き抜きピコット編み
⬥	=長編み3目の玉編み
┬	=長編み
×	=こま編み
○	=くさり編み
●	=引き抜き編み

配色
段	色
6	生成り
5	サーモンピンク
4	生成り
3	生成り
2	サーモンピンク
1	サーモンピンク

編み方はNo.8と同じだが、途中で編み糸の色を替える。「╱=糸を切る」は、その糸はそこでいったん切って、別の糸で編むこと、「╱=糸をつける」は、新たに編む糸でそこから編み始めることを示している。この作品は2段め、5段め、6段めの編み始めで糸を替えているので、そこに╱と╱の記号が描かれている。糸を替えるときは、引き抜くときに新しい糸に替えて引き抜く。

編み方の特徴と図の見方のコツ

● 糸を切って色を替える段は編み始めと編み終わりに╱と╱の記号がついている。

5段めの編み始め。4段めのくさり編みのループに束に針を入れ、新しい糸をつけて引き出してから立ち上がりのくさりを編む

編み終わり

編み始め

1段めの最後の引き抜き編みをするときに2段めの糸で引き抜く。1段めを編んだ糸は糸始末分（約15cm）を残して切る

新しい糸

71

立ち上がり
つい編み忘れ
座り込む

編み直すしか
ないのね…

へなへな

「段の始めは立ち上がり」
の原則を忘れずに

立ち上がりを編まないと、1目めの目の高さが不十
分になり、目数が減ったり、輪編みの段のかわり目
がわかりにくくなることも。「なんだか編みにくい
な？」と思ったら、編み忘れがないかチェックを！
往復編みの場合、前段の編み地を裏返す前に立ち上
がりを編むと、前段の最後の目がゆるみません。

思った通りのサイズに
仕上げるために

ゲージについて
学ぼう

編みものの本に、当たり前のように載っている「ゲージ」。
ゲージが何か、どうして必要かということはうっすら理解していても、
実際にゲージをとって編もう！ というと、
それはちょっと面倒…と思ってしまいませんか？
でもこのひと手間で、思った通りのサイズに仕上げられるとしたら…？
ゲージをとることで、いいこともいっぱいあるんですよ。

どうして 私の
こんなに 小さいの〜？

同じ針と糸で編んでも
編み目の大きさは 人それぞれ……

ゲージが必要なワケ

ゲージをとらないとこんなことが起こります…。

その1 ひとめぼれした糸でマフラーを編んだら…

本に書いてある
目数、段数どおりに
編んだら、短すぎた……

その2 家にあった毛糸で、子どもに帽子を編んであげたら…

こんなことが起こらないよう、
編みたいサイズで編むために必要なのが「ゲージ」です。

そもそもゲージとは？

作品を編むための基準になる編み目の大きさを「ゲージ」といい、一般的に横10cmで何目、縦10cmで何段と数えます。
編みものは編む人によって手加減が違うので、同じ目数・段数で編んでもでき上がりのサイズが異なります。本に載っている作品も、その作品を編んだ人の手加減で編み上がった大きさ。だから必ず編み方ページには、作品ごとのゲージが載っています。作品を編み始める前に15cm角ほど試し編みをして、自分の手加減を調べることを「ゲージをとる」といいます。編みたい作品のゲージと自分のゲージが異なる場合は、76ページのような方法で調整が必要です。

ゲージのとり方

> 大切　作品を編む糸と針で、約15cm角の試し編みをする
> 大切　裏側からアイロンで編み地を整えてからゲージを測る

①長編み

編み地の中央にメジャーを当てて、10cmの目数と段数を数えます。メジャーは編み目に対して平行、垂直に置きます。10cmの位置にまち針を打って目数と段数を数えましょう。この編み地は10cm角の中に17目10段入っています。1目1段の区切りがちょうど10cmにならない場合は、0.5目0.5段単位で数えます（例：18目、20.5段＝10cm角）。中長編み、こま編みだけの編み地も同様にとります。

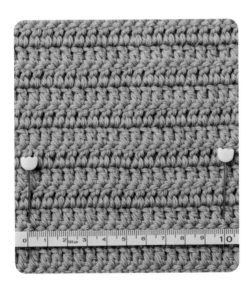

②模様編み

模様編みは、目数・段数単位で数える場合と、模様単位で数える場合があります。模様単位の場合にも、6.5模様＝10cmと10cm単位で測る場合、1模様＝3cmと模様単位で測る場合、モチーフのように1枚あたりのサイズで表す場合など、さまざまなパターンがあるので、本の表記に従って測りましょう。数えにくい模様編みのゲージは、模様単位でサイズを測り、1模様の目数、段数で換算することができます。

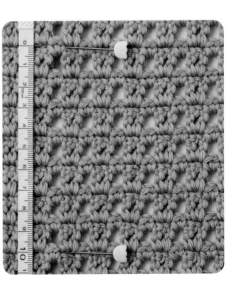

ゲージの調整方法

❶ 針をかえる

| 本のゲージより **目数・段数が多い** | | 針を **1、2号太く** しましょう |

| 本のゲージより **目数・段数が少ない** | | 針を **1、2号細く** しましょう |

❷ 糸をかえる

太い糸を使えば全体を大きく、細い糸を使えば小さく編むことができます。
初心者は本と同じ太さの糸を使うのがおススメです。

重量25g 糸長50m ＝ 重量50g 糸長100m

ラベルを見ると糸の太さがわかります

重量と糸長の割合が同じなら、ほぼ同じ太さです。

❸ 計算する

こま編み、長編みなど単純な編み地は、作品のゲージと自分のゲージを対比して、必要な目数・段数を計算で割り出すことができます。
複雑な模様編みや、増減目の部分は、初心者には調整が難しいので、①または②の方法で調整しましょう。

ガッテン！

本と同じサイズにするには何目で編めばいいの？

作品のゲージ
10cm＝18目
30cm＝54目

→

私のゲージ
10cm＝16目
30cm＝？目

⬇

ゲージの **1/10** が **1cm の目数** なので、編みたいサイズをかけ算で求めます。

⬇

私のゲージ 10cm ＝ 16目 だから 1cm ＝ 1.6目

⬇

だから、
30cm を編みたい場合は **1.6 × 30 ＝ 48目 !!**

お悩み Q&A

Q どうしても
ゲージをとらなきゃ…ダメ？

A 編む練習も兼ねて
ゲージをとる習慣を。

サイズ通りの作品を仕上げるためにゲージは大切。試し編みをすることで、手加減が安定するというメリットもあります。コサージュやコースターなどごく小さな作品はわざわざゲージを編む必要はありませんが、数段編んだらサイズをチェックし、本の指定通りに編めているか、確認しながら編み進めましょう。

Q 好きな糸で編みたいときは、
ゲージはどうするの？

A 小物は気軽に楽しんで。

マフラーやバッグなど、さほど大きさを気にしなくていい作品は、好みの糸で気軽に楽しみましょう。ただ、あまりに太さや風合いが違う糸は、作品の仕上がりイメージも本とはだいぶ異なってしまいます。76ページを参考に、なるべく本と同じ太さの糸を選ぶのがおススメです。

Q ゲージ用の糸って、
材料の糸とは別に必要なの？

A 材料表記にゲージ用の糸は
含まれていません。

ゲージ用の編み地は、あなたの手加減の見本になるものです。すぐにほどかずに、完成するまで手元に残しておきましょう。もし糸が足りなくなったら、ほどいてとじはぎなど目立たない部分に使いましょう。

Q ゲージをとったのに、
本番で編んだら
サイズが違ってしまいました。

A ゲージと見比べながら
編みましょう。

ゲージと実際の作品の手加減が変わってしまうことは、初心者にはありがち。ゲージの編み地を手元に置き、同じような手加減で編めているか確かめながら編み進めましょう。また、サイズが違うのは、どこかで目数が増減している可能性も。正しい目数、段数で編めているかも、こまめにチェックしましょう。

あみものあるある❸

白モヘア
黒い服着て
編んじゃダメ

毛足の長い糸にご用心！

毛足の長いフワフワ毛糸はかわいいのですが、
抜けた毛足が洋服につくとなかなか取れないの
がやっかいです。黒い服を着て白糸を編んだら、
もう大変！ 1玉ずつビニール袋などに入れて
編むのがおすすめです。

超親切

これだけ知っていれば
だいたいの作品は編める!

テクニックガイド

基礎のキソ、図の見方、ゲージについても無事習得!
でも実際の作品を編むには、
目を増やしたり減らしたり、パーツをつないだり…と、さまざまなテクニックが必要です。
ここでは初〜中級者向けの作品によく出てくる技法を
わかりやすく丁寧に解説しました。
作品を編むときには、手元に置いて参考にしてくださいね。

こんなのも作れるかも♥

はぎ方

目と目、目と段をつなぎ合わせることを「はぎ」といいます

引き抜きはぎ

ここに	伸びを防ぎたいときに。そでつけなどに
特　徴	かぎ針を使うので、あとで簡単にほどける
特　徴	はぎ代が厚くなるので、太い糸には不向き
大　切	はぎ糸は編み地幅の約5.5倍必要

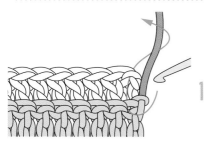

1 編み地どうしを中表に合わせて、それぞれの端目に手前から針を入れる。

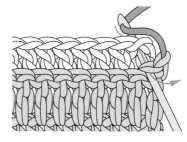

2 針に糸をかけて矢印のように引き出す。

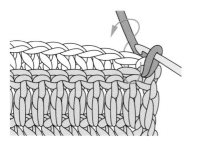

3 次からは目の頭のくさり部分にそれぞれ針を入れ、糸をかけて、針にかかっているループも一緒に引き抜く。

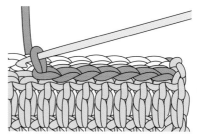

4 糸を引き過ぎるときつくなってしまうので、引き加減に気をつけながらはぐ。

すくいはぎ

特　徴	とじ針を使う
特　徴	どの太さの糸にも使える
特　徴	はぎ糸が目立たず、きれいに仕上がる
大　切	はぎ糸は編み地幅の約3.5倍必要

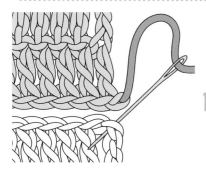

1 編み地どうしを図の向きに突き合わせにして、編み終わりの糸端をとじ針に通す。手前側の端目に針を入れる。

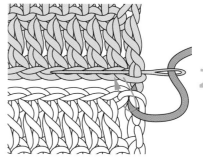

2 向こう側の編み地の目を図のようにすくって糸を引きしめる。手前側の編み地の、1目めと2目めの間に針を入れる。

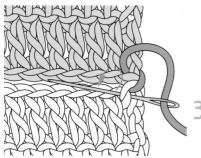

3 2枚の編み地の目（頭のすぐ下の2本の糸）を交互にすくう。

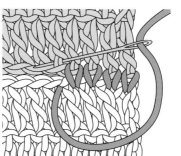

4 はぎ糸は編み地の間をV字形に渡し、ひと針ごとに見えないように引きしめる。

巻きかがりはぎ

特　徴	とじ針を使う
特　徴	針を入れる場所がわかりやすく初心者向き
特　徴	薄く仕上がるが、はぎ糸がやや目立つ
大　切	はぎ糸は編み地幅の約3.5倍必要

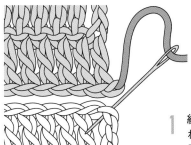

1 編み地どうしを突き合わせにし、手前側の端目に針を入れる。

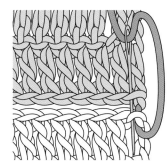

2 向こう側の編み目の頭のくさり部分の半目をすくい、手前側のくさり半目に針を入れる。

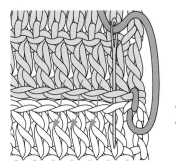

3 向かい合った目の、頭のくさり部分の半目どうしに針を入れて、1目ずつかがる。

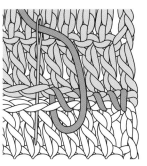

4 ひと針ごとに引きしめながらはぐ。

くさりはぎ

ここに	透かし編みの編み地に
特　徴	かぎ針を使う
特　徴	伸縮性があり、はぎ代が薄く仕上がる
大　切	はぎ糸は編み地幅の約6.5倍必要

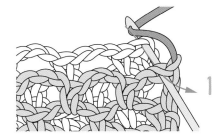

1 編み地どうしを中表に合わせて、端目どうしに針を入れて糸を引き出す。

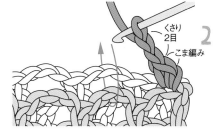

くさり
2目
こま編み

2 立ち上がりのくさりを1目編み、こま編みを編む。さらにくさりを編み（ここでは2目）、2枚の編み地のループを束に拾って、こま編みを編む。

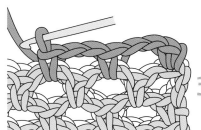

3 同様にくさり編みとこま編みではぐ。模様によって、間のくさり編みの目数を調整する。

とじ方

段と段をつなぎ合わせることを「とじ」といいます

引き抜きとじ

ここに	伸びを防ぎたいときに。そでつけなどに
特　徴	かぎ針を使うので、あとで簡単にほどける
特　徴	とじ代がごろつくので、太い糸には不向き
大　切	とじ糸は編み地幅の約5.5倍必要

こま編み

立ち上がり　　作り目

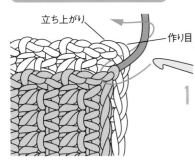

1 編み地どうしを中表に合わせて、それぞれの端目に矢印のように針を入れ、糸をかけて引き出す。

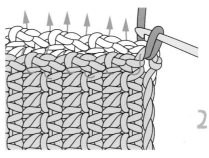

2 それぞれの編み目の中に針を入れ、1段ごとに引き抜き編みを編む。

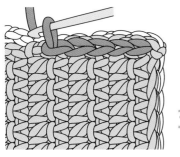

3 つねに同じ手加減で編み、糸がつれないように注意しながらとじる。

かぎ針ワンポイント

はぎ、とじに使う糸について

- 基本的に編み地と同じ糸を使う
- 編み終わりの糸端など、なるべく編み地についている糸を必要なだけ残しておいて使う
- 糸が太い場合は割り糸を使う（→103ページ）
- デコボコした糸の場合は引っかかるので、同系色で細めのストレートヤーンを使う
- 何本か引きそろえて編んだ場合は、一番濃い色を使う（デコボコした糸は避ける）

長編み

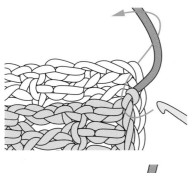

1 編み地どうしを中表に合わせて、それぞれの端目に矢印のように針を入れ、糸をかけて引き出す。

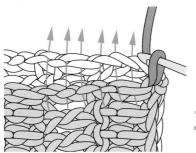

2 端目の中に各段3箇所に針を入れて、引き抜き編みを編む。

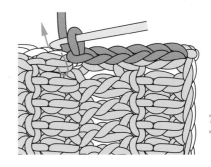

3 つねに同じ手加減で編み、糸がつれないように注意しながらとじる。

くさりとじ

ここに	長編みや、透かし模様に。伸縮性が必要なウエアの仕上げに
特徴	かぎ針を使う
特徴	くさりとこま編みのとじは、とじ糸が目立つため、透かし編みには不向き
大切	とじ糸は編み地幅の約6.5倍必要

こま編みの場合

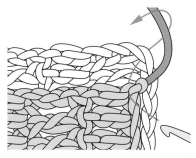

1 編み地どうしを中表に合わせて、それぞれの端目に矢印のように針を入れ、糸をかけて引き出す。

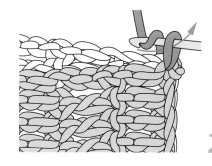

2 くさりを1目編む。

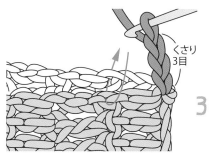

3 くさり編みをさらに2目編み、長編みの段の頭の目を割って針を入れる。

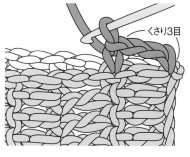

4 こま編みを編む。

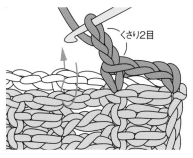

5 くさり編みを2目編み、次の段の長編みの頭の目を割って針を入れる。

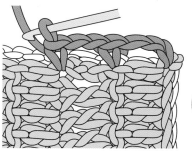

6 こま編みを編む。編み目の高さによって、間のくさり編みの目数を調整する。

引き抜き編みの場合

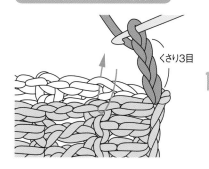

1 編み地どうしを中表に合わせて、「こま編みの場合」の1～3と同様にし、針に糸をかけ、針にかかっているループまで一緒に引き抜く。

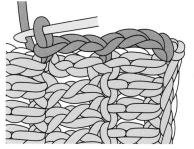

2 長編みの段の頭の目を割って針を入れ、糸を引き抜く。「こま編みの場合」の5、6と同じ要領で、引き抜き編みを編む。

巻きかがりとじ

特徴	とじ針を使う
特徴	簡単にできるが、とじ糸が目立つ
大切	とじ糸は編み地幅の約3.5倍必要

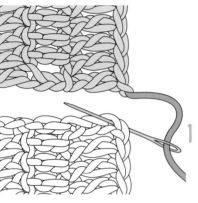

1 編み地どうしを突き合わせにして、編み終わりの糸端をとじ針に通す。手前側の編み地の端目に針を入れる。

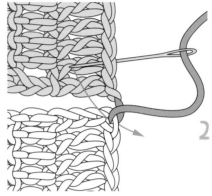

2 向こう側の編み地の2目めの作り目に針を入れ、手前側の編み地の裏側に矢印のように針を出す。

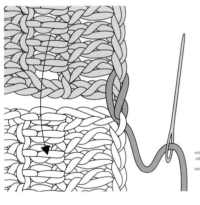

3 糸を強く引いて、編み地どうしを中表に合わせる。

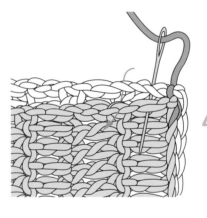

4 長編みの場合は、1目の高さの半分のところで1回針を入れ、続いて立ち上がりのくさり3目めと長編みの頭に針を入れる。

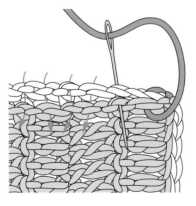

5 4と同様に、1段に2回ずつ端目の中に針を入れてかがる。

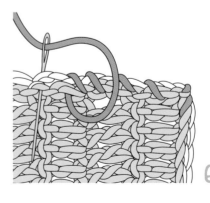

6 同じ手加減で糸を引く。

すくいとじ

特　徴	とじ針を使う
特　徴	とじ糸が目立たず、薄く仕上がる
大　切	とじ糸は編み地幅の約3.5倍必要

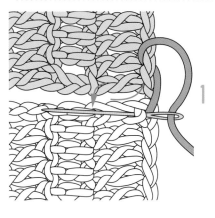

1 「巻きかがりとじ」の1、2と同じ要領で、向こう側の編み地の2目めの作り目に糸を通す。手前側の端目を割ってすくい、向こう側の長編みの端目を割って針を入れる。

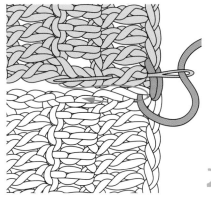

2 手前側のくさり目に矢印のように針を入れる。

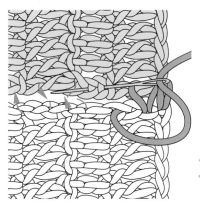

3 段がずれないよう、段の変わりめは必ずすくう。

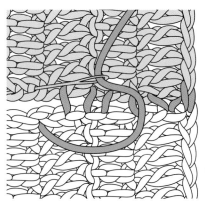

4 とじ糸が目立たないように、糸を引きしめながらとじる。

拾い目

縁編みを編むとき、編み地から目を編み出すことを「拾い目」といい、必要な目数をバランスよく均等に拾います

目から拾う

> 大切　目を「束に拾う」方法と、目を「割って拾う」方法があり、編み地によって使い分ける
> 大切　作り目側を拾う図で解説しているが、編み終わり側を拾う場合も同じ要領で作業する

長編みから拾う

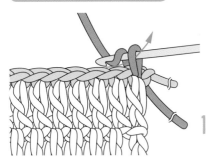

1　作り目の端から糸を引き出し、立ち上がりのくさり編み1目を編む。

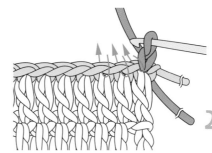

2　1と同じ位置から順に、作り目に1目ずつ針を入れて、編んでいく。

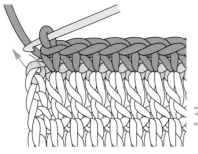

3　最後は作り目のくさり編み半目と裏山に針を入れる。

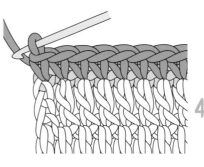

4　拾い終わったところ。図は作り目1目ずつから拾って、こま編みを編みつけたところ。

方眼編みから拾う

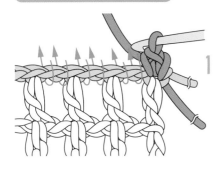

1　端目に針を入れて糸を引き出し、立ち上がりのくさり編み1目と、こま編みを編む。くさりのループのみを束にすくって2目ずつこま編みを編みつける。

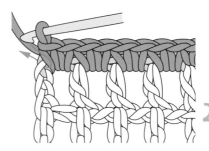

2　反対側の端目は、作り目のくさり編みの半目と裏山に針を入れる。

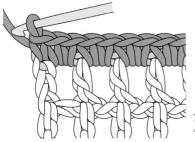

3　こま編みを端目に編み入れる。

段から拾う

特　徴	目を「束に拾う」方法と、目を「割って拾う」方法があり、編み地によって使い分ける
特　徴	拾い目がたるまないよう均等に段をとばして拾う
大　切	こま編みは６段から５目、長編みと方眼編みは２段から５目を目安に拾う

こま編みから拾う

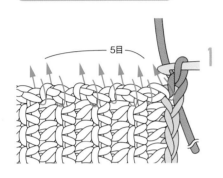

1 作り目の端目に針を入れて糸を引き出し、立ち上がりのくさり編み１目と、こま編みを編む。次からは、段の終わり側は端目の際、始め側は立ち上がりの目の際に針を入れて編む。

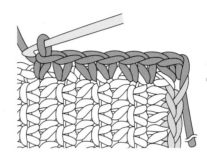

2 すべての段に編み入れると、こま編みがよれてしまうので、均等に段をとばす。こま編み６段から５目を目安に拾う。

長編みから拾う

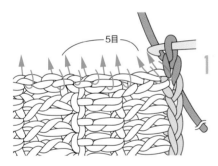

1 「こま編みから拾う」と同様に、端目にこま編みを編んだら、立ち上がり、長編みとも、目を割って糸２本をすくう。段の変わり目は必ず拾う。

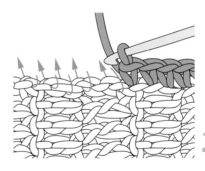

2 長編み２段から５目を目安に拾う。

方眼編みから拾う

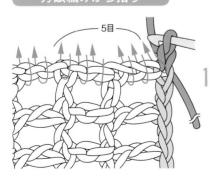

1 「こま編みから拾う」と同様に、端目にこま編みを編んだら、段の端目を束にすくって２目拾う。段の変わり目は、１段おきに目を割って拾う。

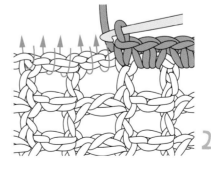

2 方眼編み２段から５目を目安に拾う。

メリヤス編みの目から拾う

ここに 棒針編みで編んだものに、
かぎ針編みの縁編みをつけるときに

指でかける作り目から拾う

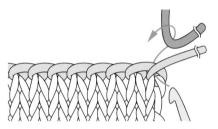

1 作り目の端に、矢印のように針を入れて糸を引き出す。

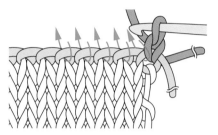

2 立ち上がりのくさり1目を編んで同じところにこま編みを編む。次からは手前側の糸1本だけでなく、2本の糸の下に針を入れる。

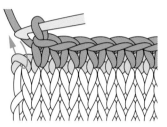

3 最後は矢印のように針を入れ、糸2本をすくって編む。

伏せ止めの目から拾う

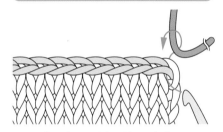

1 伏せ止めのくさり目に、矢印のように針を入れて糸を引き出す。

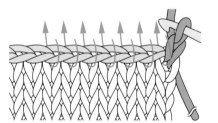

2 「指でかける作り目から拾う」と同様にこま編みを編む。1目ずつ順に、伏せ止めしたメリヤス編みの最終段の目の中に針を入れて編む。

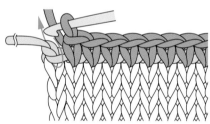

3 最後は矢印のように針を入れて編む。

伏せ止めのくさり目から拾う

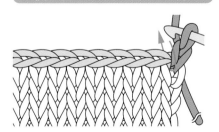

1 「伏せ止めの目から拾う」と同様に、立ち上がりのくさり目を編み、こま編みを編む。

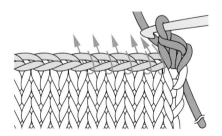

2 1目ずつに順に、伏せ止めたくさりの下に針を入れてこま編みを編む。

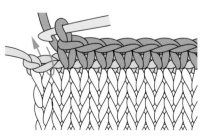

3 最後も、矢印のようにくさりの下に針を入れて編む。

メリヤス編みの段から拾う

ここに 棒針編みで編んだものに、
かぎ針編みの縁編みをつけるときに
大切 メリヤス編み5段から4目を目安に拾う

1　編み地の1目めと2目めの間に表側から針を入れ、矢印のように糸を引き出す。

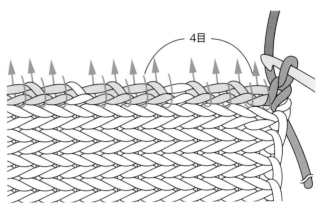

2　立ち上がりのくさりを編み、1と同じところにこま編みを編む。すべての段に編み入れてしまうとこま編みがよれるので、5段から4目を目安に均等に段をとばして拾う。

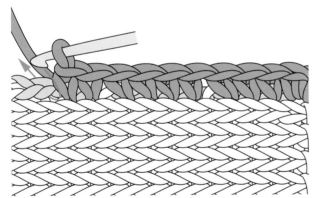

3　こま編みで、メリヤス編みの端目を編みくるんだ状態になる。端目がゆるんでいるところは、こま編みが不ぞろいになることがあるため、1目半または2目内側の2本を拾う場合もある。

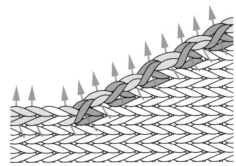

減らし目をしているところは、前の段と半目ずらして拾う。ほぼ各段を拾うが、こま編みがつれたりよれたりしないように調節する。

モチーフつなぎ

小さな編み地（モチーフ）をつないで作品を作る、かぎ針編みならではの手法です

モチーフを編みながらつなぐ

特徴 円形などモチーフどうしの接点が少ない作品に
特徴 モチーフを1枚編んでおき、
2枚めのモチーフの最終段を編みながらつなぐ

引き抜き編みで編みながらつなぐ方法

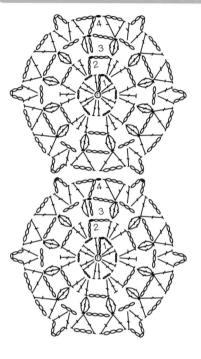

1 1枚めのモチーフのくさり目に束に針を入れる。

2 そのまま引き抜き編みを編む。

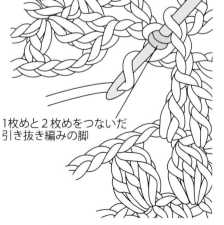

3 引き抜き編みの裏山が1枚めのモチーフのくさり編みをまたいでいる。引き抜き編みの次のくさりを編む。

4 つなぎ終わったところ。続けて2枚めのモチーフの最終段を編む。

1枚めと2枚めをつないだ引き抜き編みの脚

モチーフを3枚つなぐときは、1枚めと2枚めをつないだ引き抜き編みの脚に針を入れて引き抜く。

●モチーフつなぎ…モチーフを編みながらつなぐ

引き抜き編みで針を入れ替えてつなぐ方法

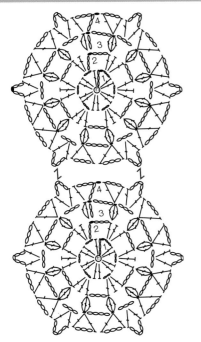

1 モチーフをつなぐ位置でいったん針をはずし、1枚めのモチーフに図のように針を入れる。

2 針を戻し、1枚めのループから目を引き出す。

3 引き抜き編みを編む。1枚めのループがくるまれる。

4 続けて2枚めのモチーフのくさり編みを編む。

●モチーフつなぎ…モチーフを編みながらつなぐ

こま編みで編みながらつなぐ

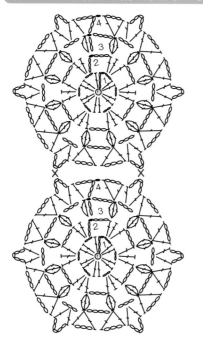

1 1枚めのモチーフのくさり目に束に針を入れる。

2 ループにこま編みを編みつける。

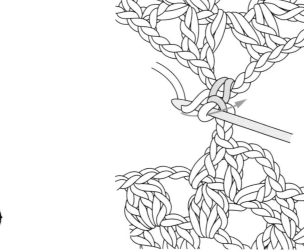

3 続けて2枚めのモチーフのくさり編みを編む。

4 こま編みの脚が1枚めのループをくるんでいる。

編んでからつなぐ方法

特徴 四角形、六角形など、辺がまっすぐなモチーフに必要なモチーフをすべて編んでから、
特徴 まとめてつないで仕上げる

全目かがり

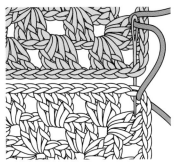

1 2枚を突き合わせにして、角のくさり編みどうしに針を入れる。

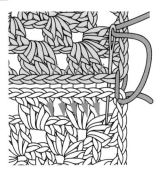

2 向かい合ったモチーフの最終段の目の頭どうしをすくっていく。

3 横1列を先にかがるので、2枚をつないだら、隣の2枚を続けてかがる。糸は斜めに渡る。

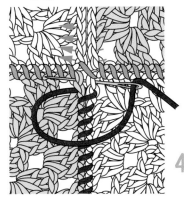

4 すべての横方向をつないだら、縦方向も同様にかがっていく。

5 縦1列をつないだところ。角4箇所が合うところは、糸がクロスする。

半目かがり

1 2枚を突き合わせにし、角のくさり目の中に糸を出してからそれぞれ外側の半目に針を入れる。

2 くさりの半目をすくいながら、全目かがりと同じ要領でかがっていく。

編み込み模様

糸の色を替えて柄を作る編み方です。図案や糸の太さによって、適した方法を選びます

1段ごとのしま模様

特徴 編み地の両端に糸が渡る
特徴 奇数段で糸を切らずに休ませ、偶数段は前段と同じ方向に編む
大切 渡す糸がつれないよう注意する

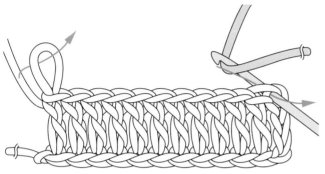

1 1段めを編んだ糸は、最終目を広げて糸玉ごとくぐらせ、引きしめて休ませておく。1段めの立ち上がりのくさり3目めに針を入れて別の色の糸を引き出す。

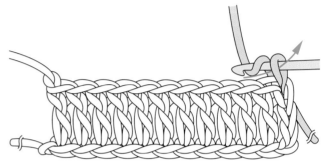

2 2段めは1段めと同じ方向に編む。

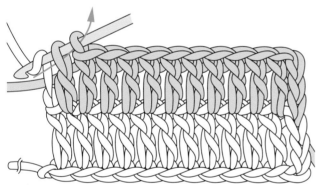

3 2段めの最終目は、未完成の長編み(108ページ)を編み、最後を1段めの糸で引き抜く。

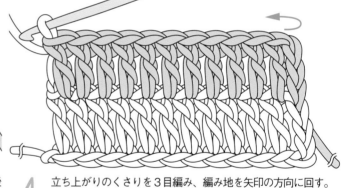

4 立ち上がりのくさりを3目編み、編み地を矢印の方向に回す。

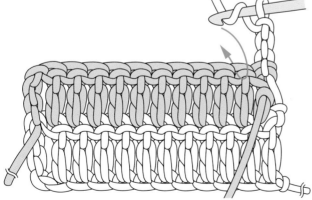

5 3段めを編む。

6 3段めの編み終わりは1と同じように糸を始末し、4段めの編み始めは2段めの糸を持ってきて、3段めの立ち上がりのくさりの3目めから引き出す。

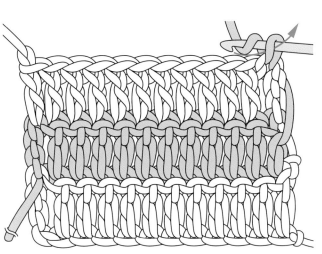

7 4段めを編む。2段めから引き出した糸は、つれないようにゆるめに渡す。

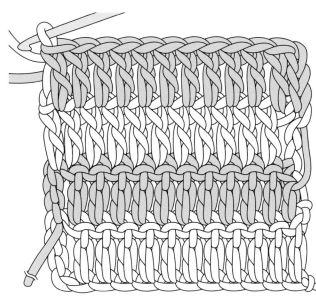

8 4段めの編み終わりは**3**と同じように、最後の目を3段めの糸で引き抜く。同様にくり返す。

2段ごとのしま模様

| 特 徴 | 編み地の片側に糸が渡る |
| 大 切 | 渡す糸がつれないよう注意する |

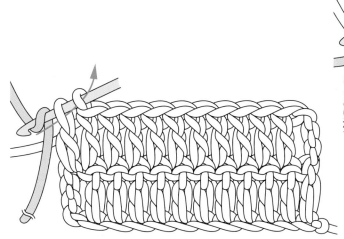

1 2段めの編み終わりは未完成の長編み（108ページ）を編み、最後を、別の色の糸をかけて引き抜く。

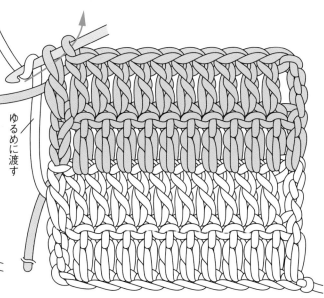

ゆるめに渡す

2 3、4段めを編むが、4段めの編み終わりは未完成の長編みを編み、2段めの糸を持ってきて、最後の目を引き抜く。同様にくり返す。

● 編み込み模様…渡す糸を編みくるむ編み込み

渡す糸を編みくるむ編み込み

特　徴　厚地になるが、裏側がきれいに仕上がる
特　徴　太い糸、濃い色の配色糸（編みくるんだ糸が表から透けるため）は不向き
大　切　編みくるむ糸を引き過ぎないよう注意

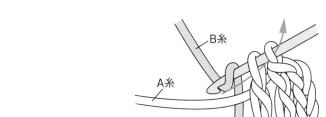
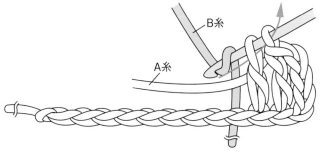

1　配色糸に替える手前の目は未完成の長編み（108ページ）を編んで、最後を配色糸のB糸で引き抜く。

2　A糸の下をくぐらせるように矢印のように針を入れる。

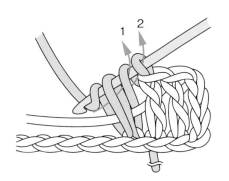

3　A糸をくるむようにしながら編む。

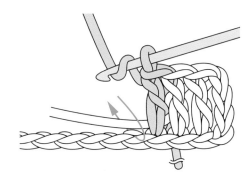

4　同様にして、A糸が編み目の中を通るように編む。

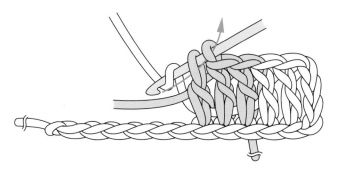

5　再びA糸に替えるときは、B糸の編み終わりを、A糸で引き抜く。次はB糸が編み目の中を通るように編む。

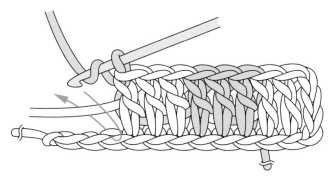

6　1〜5と同じ要領でくり返す。

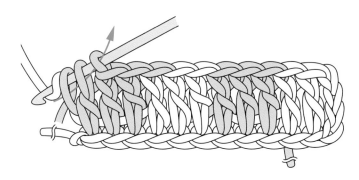

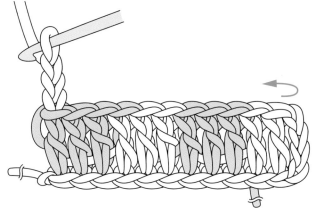

7 最後の目は未完成の長編み（108ページ）を編み、針に図のように糸をかけ、A糸で引き抜く。

8 A糸で立ち上がりのくさりを3目編む。くさり1目めにB糸がはさみ込まれる。編み地を回す。

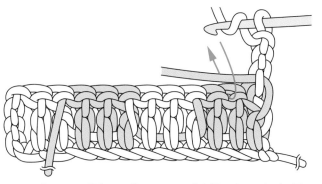

9 1段めと同じ要領で、休ませている糸を編みくるみながら編み進める。

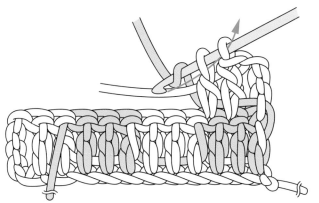

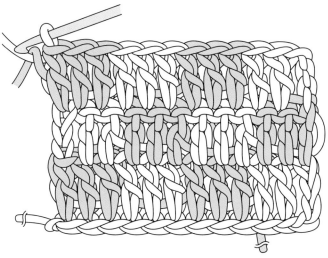

10 編みくるむ糸がつれないように気をつけながら編む。

11 休ませた糸が、編み地の外に渡ることなく仕上がる。編みくるんでいる糸は、編み目のすき間から見える。

縦に糸を渡す編み込み

ここに特徴　ストライプや大きな柄を編み込むときに
色替えごとに別の糸玉が必要だが、薄く仕上がる

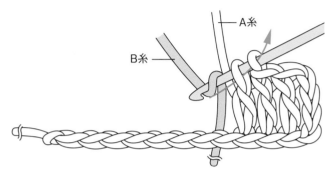

1 B糸に替える手前の目は未完成の長編み（108ページ）を編んで、A糸を向こう側に休ませ、最後をB糸で引き抜く。

2 A糸をよけて、B糸で編む。

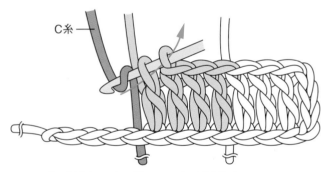

3 B糸の最後も、1と同様にしてC糸で引き抜く。

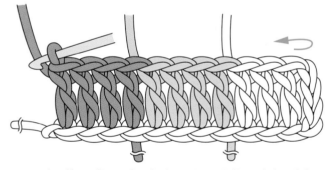

4 C糸で端まで編む。立ち上がりのくさりを編み、矢印の方向に編み地を回す。

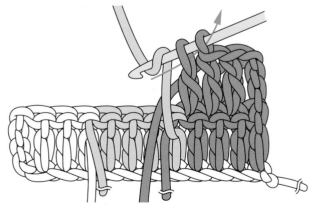

5 そのままC糸で編み、B糸に替える手前の目は未完成の長編みを編み、C糸を編み地の手前にくるようにして、B糸を渡して引き抜く。

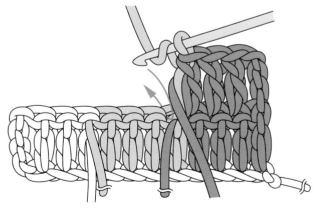

6 図のようにC糸を手前に持ってきて、B糸で編む。A糸に替えるときも同様にする。

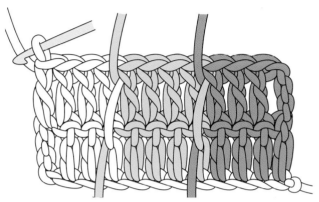

7 2段めが編み終わったところ。こちらは裏。

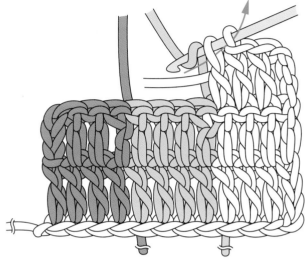

8 3段めもB糸に替える手前の目は未完成の長編みを編んで、B糸で引き抜く。A糸はB糸の手前におく。

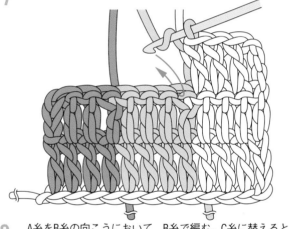

9 A糸をB糸の向こうにおいて、B糸で編む。C糸に替えるときも同様に編む。

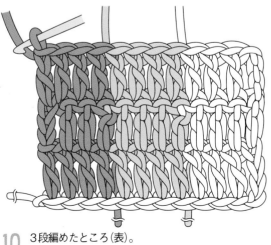

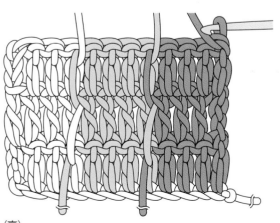

10 3段編めたところ(表)。　　　　　　　　　(裏)

増し方、減らし方

編み地の幅を広くするときは、1つの目に複数回、目を編み入れて、目の数を増やします。
反対に、編み地の幅を狭くするときは、目の数を減らします。

こま編みを段の始めで増す

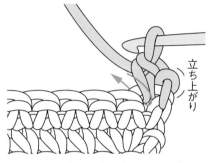 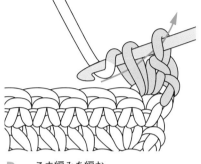 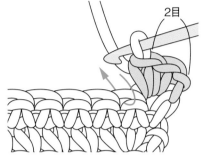

1　前段に続けて立ち上がりの目を編み、端目にこま編みを編む。もう一度同じ目に針を入れる。

2　こま編みを編む。

3　「こま編み2目編み入れる」（119ページ）で1目増えた。

こま編みを段の終わりで増す

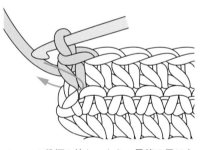 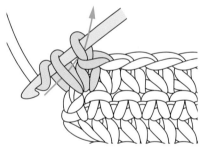 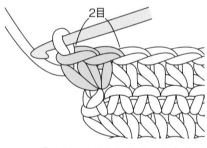

1　1段編み終わったら、最後の目にもう一度針を入れる。

2　こま編みを編む。

3　「こま編み2目編み入れる」（119ページ）で1目増えた。

こま編みを段の途中で増す

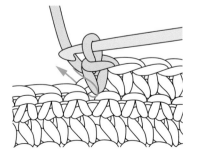 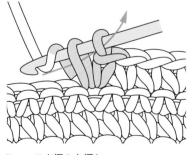 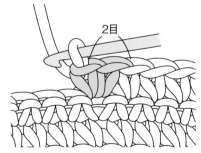

1　増し目の位置でこま編みを1目編み、もう一度同じ目に針を入れる。

2　こま編みを編む。

3　前段の1目に「こま編み2目編み入れる」（119ページ）で1目増えた。

長編みを段の始めで増す

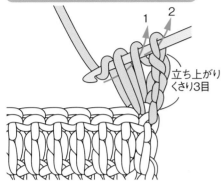

前段に続けて立ち上がりのくさり3目を編み、前段の端目に図のように針を入れて、長編みを編む。

長編みを段の終わりで増す

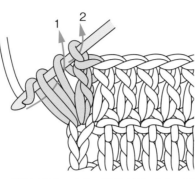

1段編み終わったら、最後の目にもう一度針を入れ、長編みを編む（長編み2目編み入れる→120ページ）。

長編みを段の途中で増す

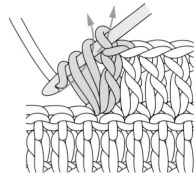

増し目の位置で長編みを1目編み、糸をかけてもう一度同じ目に針を入れて、長編みを編む（長編み2目編み入れる→120ページ）。

こま編みを段の始めで減らす

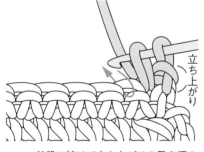

1 前段に続けて立ち上がりの目を編み、前段の端目の頭2本に針を入れて糸を引き出し、次の目にも針を入れて糸を引き出す。

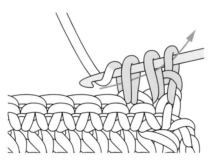

2 針に糸をかけ、針にかかっている3つのループを一度に引き抜く。

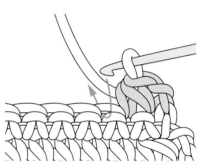

3 「こま編み2目一度」（121ページ）で、1目減った。

こま編みを段の終わりで減らす

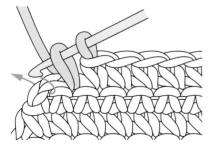

1 前段の端から2目めに針を入れて糸を引き出し、隣の端目に針を入れる。

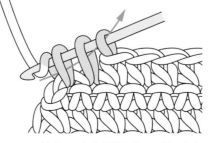

2 端目からも糸を引き出し、針に糸をかけて針にかかっている3つのループを一度に引き抜く。

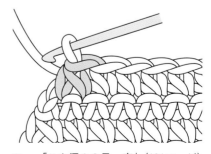

3 「こま編み2目一度」（121ページ）で、1目減った。

101

こま編みを段の途中で減らす

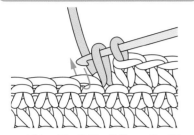

1 減らし目の位置で前段の2目に順に針を入れて糸を引き出す。

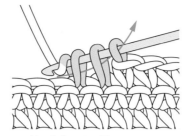

2 針に糸をかけ、針にかかっている3つのループを一度に引き抜く。

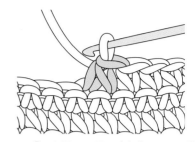

3 「こま編み2目一度」（121ページ）で、1目減った。

長編みを段の始めで減らす

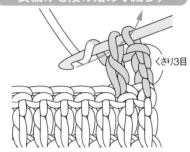

くさり3目

立ち上がりのくさり3目をきつめに編み、前段の2目めに未完成の長編み（108ページ）を編む。針に糸をかけ、針にかかっている2つのループを一度に引き抜く。

長編みを段の終わりで減らす

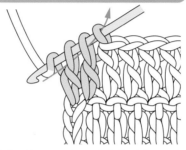

前段の端から2目めに未完成の長編みを編み、端目も同様に編む。針に糸をかけ、針にかかっている3つのループを一度に引き抜く（長編み2目一度→123ページ）。

長編みを段の途中で減らす

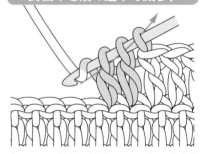

減らし目の位置で前段の2目に順に未完成の長編みを編む。針に糸をかけ、針にかかっている3つのループを一度に引き抜く（長編み2目一度→123ページ）。

大切 こま編みや長編みを2目減らすときは、1目減らすときと同様に「こま編み3目一度」（121ページ）、「長編み3目一度」（123ページ）をして減らします。

長編みを段の始めで3目以上減らす

ウエアのそでぐりなどは端で3目以上減らし、きれいなカーブになるように編みます。減らし目する数だけ引き抜き編みをする方法もありますが、下のような方法もあります。

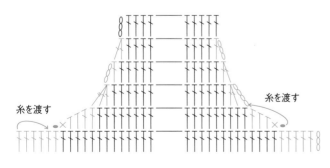

糸を渡す　　　　　　　　糸を渡す

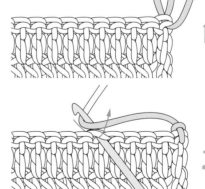

1 前段が編み終わったら、針をはずし、最後の目を大きく広げて糸玉を通し、糸を引きしめる。

2 次段の編み始めの目に針を入れ、糸を渡して針にかけて引き抜く。

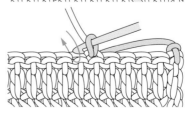

3 続けて次の目に針を入れ、こま編みを編む。左の記号図のように中長編み、長編みを編んでカーブを作る。

ボタンつけと仕上げ

ボタンのつけ方

| 大 切 | 割り糸か、ボタンつけ糸を使う |
| 大 切 | かけはずしをするボタンには力（ちから）ボタンをつけると、糸の抜けを防ぎ、丈夫につけられる |

 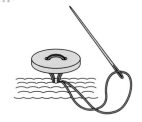  

1 糸は2本どりにして玉結びを作り、力（ちから）ボタンに図のように通しておく。

2 編み地の厚さに応じて糸足の長さを決めてボタンをつける。力ボタンには糸足はつけない。

3 糸足に糸をすき間なく巻く。

4 編み地の裏で玉止めし、針を力ボタンに通して表に出し、糸を切る。

割り糸の作り方

ボタンつけは、編み地と同じ糸を使うが、糸が太くて、編み地と同じ糸を使えない場合は「割り糸」にしてつける。毛糸のよりを戻すようにして糸を分け、細くした1本を使う。とじはぎなどで割り糸を使うこともある。

糸のよりを戻すようにしてわけるよ

アイロンかけ

大 切	編み地から少し浮かせてスチームアイロンをかける
大 切	編み目をつぶさないよう注意
大 切	アイロン後は、冷めるまで動かさない

平面的なものにかける

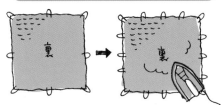

すべてのパーツを編んだら、とじはぎの前にアイロンをかける。編み図の寸法に合わせてまち針を打ち、スチームをあてると、形とサイズが整う。

立体的なものにかける

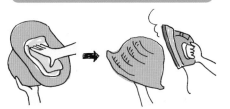

立体的なものは、中にタオルなどを詰めて形を整え、編み地から2～3cm離れてスチームをあてる。

注意して！

素材の質感を活かすため、あえてアイロンをかけないもの、極端に熱に弱い素材もあるので、必ず本やラベルの指示を確認してからアイロンをかけること。

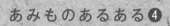

手芸好き 家事も好きとは 限らない

楽しくってもほどほどに…

作品ができてくると楽しくて、家事を忘れて1日中編んでいたい気分！　でも長時間同じ姿勢なのは体によくないし、疲れ目の原因にも。適度に休憩しながら編んでくださいね。でも…やっぱり編みものは楽しい！

保存版

知りたいときに
すぐ調べられる!

編み目記号事典

編み方を記号に置き換えたものが編み目記号。
作品の編み方はこの記号が並んだ記号図で表記されます。
知らない記号が並んだ図は、難しそうに思えるかもしれません。
でもそこであきらめてしまわないで。
わからない記号が出てきたらこのページを見てください。
基本の5つの編み目記号は、動画でも針の動きを確認できます。

くさり編み目
くさりあみめ

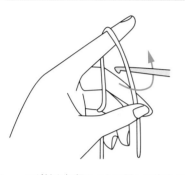

1 かぎ針を矢印のように回して糸をかける。

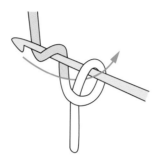

2 針に糸をかけ、矢印の方向に引き出す。

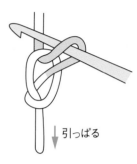

3 糸端を引く。これは1目と数えない。

引っぱる

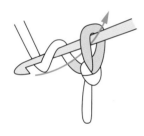

4 針に糸をかけ、矢印の方向に引き出す。

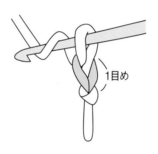

5 4をくり返す。

1目め

引き抜き編み目
ひきぬきあみめ

※図はこま編みに編みつける場合

1 立ち上がりのくさり目は編まず、矢印のように前段の端目の頭2本に針を入れる。

くさり編み http://www.shin-sei.co.jp/kagi02.mp4　　引き抜き編み http://www.shin-sei.co.jp/kagi06.mp4

こま編み目
こまあみめ

動画でチェック
こま編み

※本によって「こま編み目」記号の描き方は
　上記のように2種類あります。

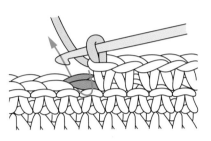

1 前段の目の頭2本に針を入れる（段の編み始めの立ち上がりはくさり1目）。

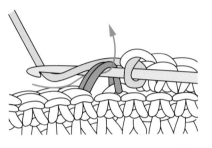

2 針に糸をかけて、矢印の方向に引き出す。

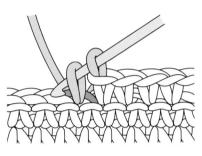

3 引き出したところ。

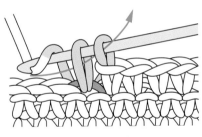

4 もう一度針に糸をかけ、針にかかった2本のループを一度に引き抜く。

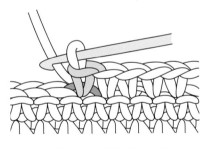

5 こま編みが1目編めたところ。

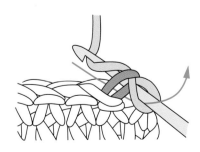

2 針に糸をかけ、矢印のように引き抜く。

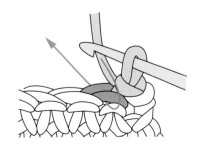

3 次の目も、同様に前段の隣の目に針を入れる。

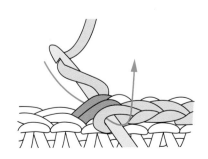

4 針に糸をかけて引き抜く。編み目がつれないよう、糸の引き加減に注意。

中長編み目
ちゅうながあみめ

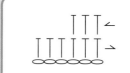

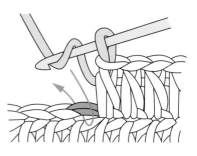

1 針に糸をかけ、前段の編み目の頭2本に針を入れる（段の編み始めの立ち上がりはくさり2目）。

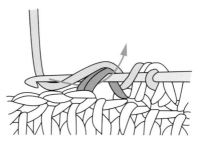

2 針に糸をかけ、矢印の方向に引き出す。くさり2目分の高さを引き出すのが目安。

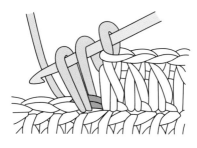

3 引き出したところ。

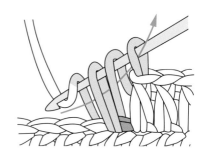

4 もう一度針に糸をかけ、針にかかっているループを一度に引き抜く。

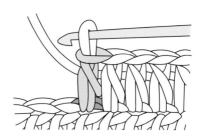

5 中長編みが編めたところ。

かぎ針ワンポイント

未完成の編み目

最後の引き抜きをしないで、針にループを残した状態を「未完成の編み目」といいます。減らし目や玉編みを編むときによく出てくる言葉なので、覚えておきましょう。

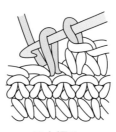

こま編み

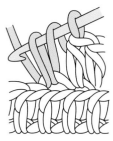

中長編み

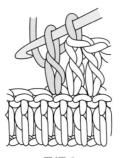

長編み

長編み目
ながあみめ

長編み

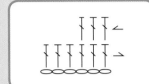

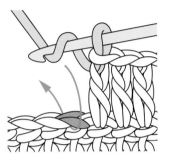

1 針に糸をかけ、前段の編み目の頭2本に針を入れる（段の編み始めの立ち上がりはくさり3目）。

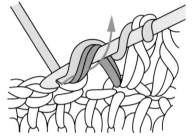

2 針に糸をかけ、矢印の方向に引き出す。くさり2目分の高さを引き出すのが目安。

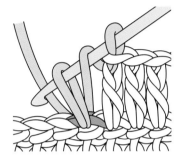

3 引き出したところ。

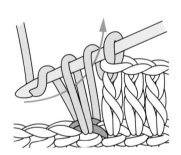

4 針に糸をかけ、針にかかっている左側2つのループから引き出す。

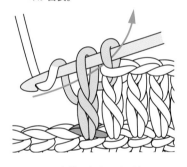

5 もう一度針に糸をかけ、針にかかっている2つのループを一度に引き抜く。

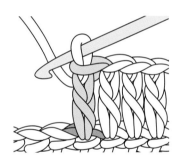

6 長編みが編めたところ。

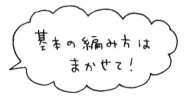
基本の編み方はまかせて！

自由の女神
おぉ…

長々編み目

ながながあみめ

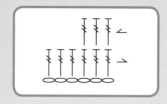

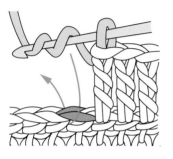

1 針に糸を2回巻き、前段の編み目の頭2本に針を入れる（段の編み始めの立ち上がりはくさり4目）。

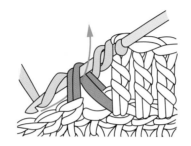

2 針に糸をかけ、矢印の方向に引き出す。くさり2目分の高さを引き出すのが目安。

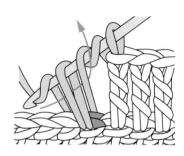

3 針に糸をかけ、針にかかっている左側2つのループから引き出す。

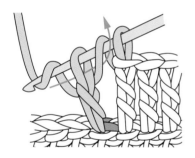

4 もう一度針に糸をかけ、針にかかっている左側2つのループから引き出す。

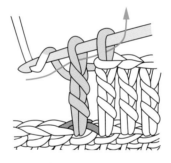

5 もう一度針に糸をかけ、針にかかっている2つのループを一度に引き抜く。

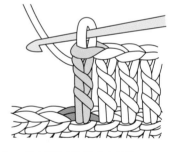

6 長々編みが編めたところ。

ねじりこま編み目

ねじりこまあみめ

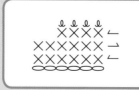

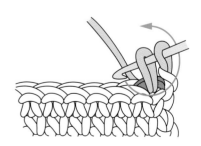

1 立ち上がりのくさり編みを1目編み、前段の目に針を入れて糸をかけて長めに引き出し、矢印のように針を回す。

こま編みのリング編み目

こまあみのりんぐあみめ

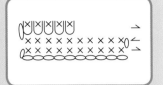

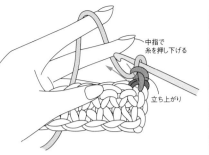

1 立ち上がりを編み、編み地を返したら、左手の中指を糸の上から向こうに下げ、前段の目の頭2本に針を入れる。

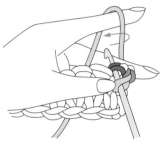

2 左手の中指で糸を押さえたまま、針に糸をかける。押さえた糸の長さが、リングの大きさになる。

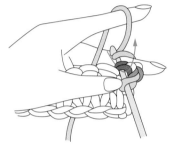

3 糸を引き出す。

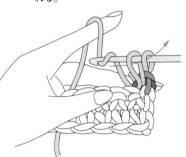

4 糸を引き出したところ。

5 針に糸をかけて、針にかかっている2つのループを一度に引き抜き、中指をはずす。裏側に糸の輪（リング）ができる。

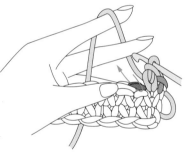

6 同様に、繰り返して編む。

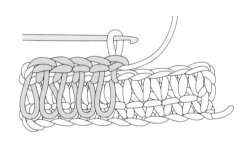

7 裏から見たところ。裏を表として使う。

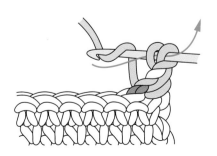

2 針に糸をかけ、針にかかっている2つのループを引き抜く。

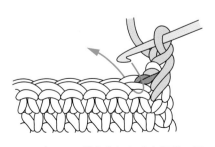

3 次の目に針を入れ1、2と同様に編む。

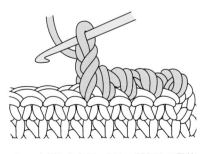

4 右側から左側へ編む。縁編みの最終段などに使う編み方。

● バックこま編み目

バックこま編み目

バックこまあみめ

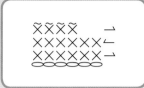

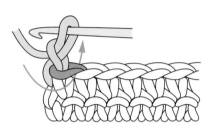

1 立ち上がりのくさり編みを1目編み、針を前段の目の手前から矢印のように入れる。

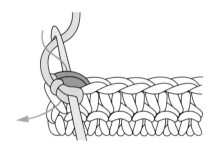

2 針に糸をかけて、矢印のように引き出す。

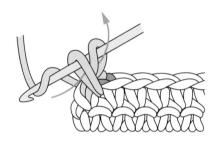

3 針に糸をかけ、2本のループから針を引き抜く。

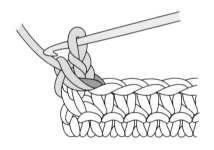

4 バックこま編みが1目編めたところ。

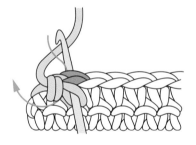

5 右隣の目に手前から針を入れ、2～3と同様に編む。

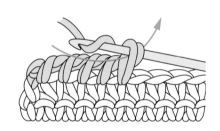

6 左側から右側へ編み進む。縁編みの最終段などに使う編み方。

「左から右へ 編む」というのが ほかの編み方と違うのね

こま編みのうね編み目

こまあみのうねあみめ

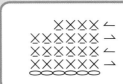

表

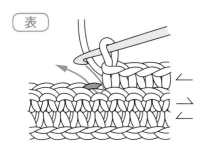

1 （編み地の表を見て編む段）矢印のように、前段の目の頭の向こう側半目の糸に針を入れ、こま編みを編む。

裏

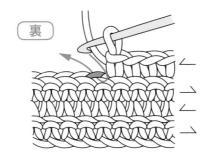

2 （編み地の裏を見て編む段）同様に、前段の目の頭の向こう側半目の糸に針を入れてこま編みを編む。2段ごとにうねができる。

こま編みのすじ編み目

こまあみのすじあみめ

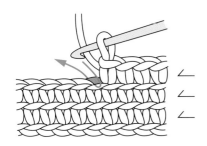

1 「こま編みのうね編み」と同じ編み方で、主に輪に編む場合に使われる名称。つねに表を見ながら編むので、毎段、表にすじができる。

「うね編み」は平編み、「すじ編み」は輪編みのときの名称で、編み方自体は同じです。

中長編み3目の玉編み目

ちゅうながあみさんめのたまあみめ

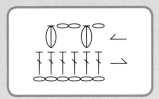

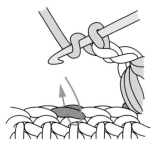

1 針に糸をかけ、前段の目の頭2本に針を入れ、糸をかけて引き出す。くさり2目分の高さを引き出すのが目安（未完成の中長編み→108ページ）。

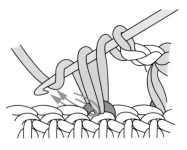

2 針に糸をかけ、1と同じ目に針を入れて引き出す。同様の操作をもう1回くり返す。

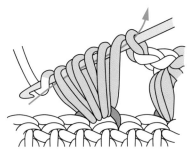

3 針に糸をかけて、針にかかっている7つのループから一度に引き抜く。

4 中長編み3目の玉編みが編めたところ。玉の部分と頭のくさり目の部分がずれて編める。中長編み5目の玉編みも同じ要領で、前段の同じ目に未完成の中長編みを5目編み入れて引き抜く。

変わり中長編み3目の玉編み目

かわりちゅうながあみさんめのたまあみめ

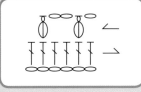

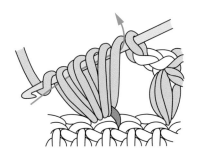

1 「中長編み3目の玉編み目」の3まで同様に編むが、糸をかけた針は、右側1つのループを残して引き出す。

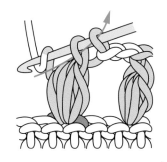

2 もう一度針に糸をかけ、針に残っている2つのループから引き抜く。

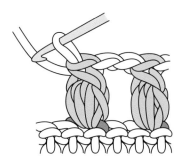

3 変わり中長編み3目の玉編みが編めたところ。

長編み3目の玉編み目

ながあみさんめのたまあみめ

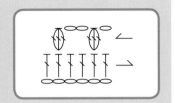

● 長編み3目の玉編み目 ● 長編み5目の玉編み目

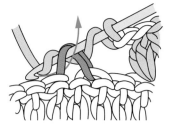

1 針に糸をかけ、前段の目の頭2本に針を入れ、糸をかけて引き出す。くさり2目分の高さを引き出すのが目安。

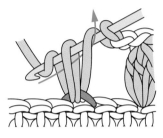

2 針に糸をかけ、矢印のように針にかかっている2つのループから引き出す（未完成の長編み→108ページ）。

3 針に糸をかけ、同じ目に針を入れて1、2と同じ操作を2回くり返す。

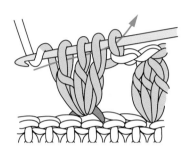

4 針に糸をかけ、針にかかっている4つのループを一度に引き抜く。

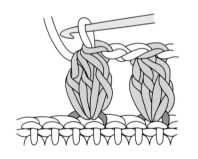

5 長編み3目の玉編みが編めたところ。

 # 長編み5目の玉編み目

ながあみごめのたまあみめ

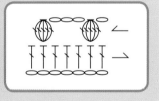

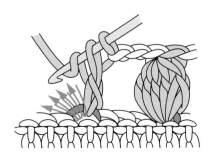

1 「長編み3目の玉編み目」と同じ要領で未完成の長編みを5目編む。

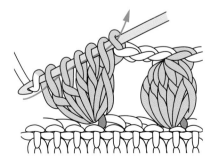

2 針に糸をかけ、針にかかっている6つのループを一度に引き抜く。

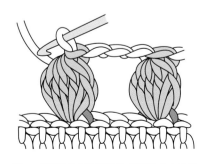

3 長編み5目の玉編みが編めたところ。

中長編み5目の
パプコーン編み目

ちゅうながあみごめの
ぱぷこーんあみめ

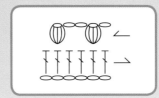

1 中長編みを5目、前段の同じ目に編み入れる。いったん針をはずし、中長編みの1目めの頭2本と、針をはずした目に針を入れる。

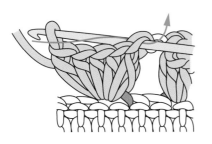

2 矢印のように引き抜く。

3 くさり編みを1目編む。この目が頭になる。

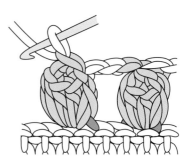

4 中長編み5目のパプコーン編みが編めたところ。

長編み5目の
パプコーン編み目

ながあみごめの
ぱぷこーんあみめ

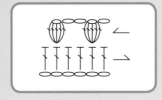

1 長編みを5目、前段の同じ目に編む。いったん針をはずし、長編みの1目めの頭2本と、針をはずした目に針を入れ、矢印のように引き抜く。

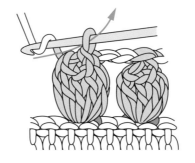

2 くさり編みを1目編む。この目が頭になる。

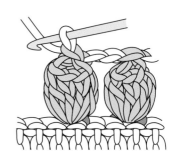

3 長編み5目のパプコーン編みが編めたところ。

中長編み交差編み目

ちゅうながあみこうさあみめ

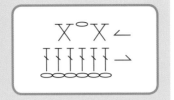

1 針に糸をかけ、前段の3目先の目に中長編みを編む。

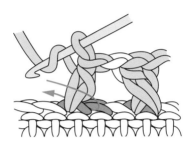

2 針に糸をかけ、1で編んだ目の手前の目に針を入れる。

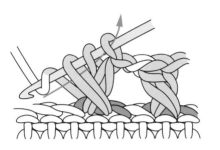

3 糸をかけて引き出し、先に編んだ中長編みをあとから編む中長編みでくるむように編む。

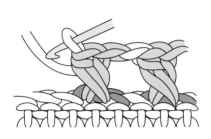

4 中長編み交差編みが編めたところ。

長編み交差編み目

ながあみこうさあみめ

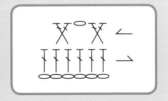

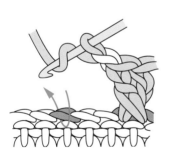

1 針に糸をかけ、前段の3目先の目に長編みを編む。

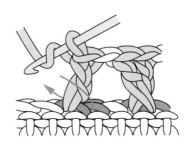

2 針に糸をかけ、1で編んだ目の手前の目に針を入れる。

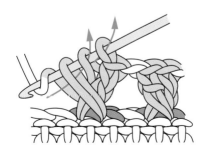

3 糸をかけて引き出し、先に編んだ長編みをあとから編む長編みでくるむように編む。

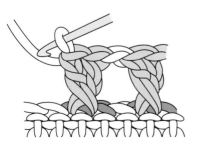

4 長編み交差編みが編めたところ。

長編みクロス編み目

ながあみくろすあみめ

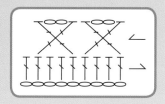

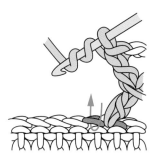

1 針に糸を2回かけ、前段の目に針を入れて糸をかけて引き出す。

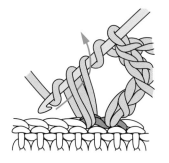

2 針に糸をかけ、針にかかっている左側2つのループから引き出す。

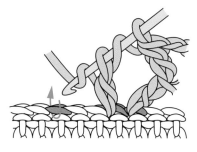

3 針に糸をかけ、1で針を入れた目から2目飛ばした目に針を入れて引き出し、2と同様に編む。

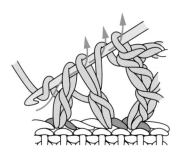

4 長々編みと同じ要領で引き抜く。

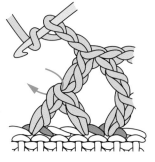

5 くさり編みを2目編み、針に糸をかけ、矢印の位置に針を入れて糸を引き出す。

6 長編みと同じ要領で引き抜く。

7 長編みクロス編みが編めたところ。

こま編み2目編み入れる
こまあみにめあみいれる

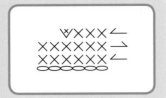

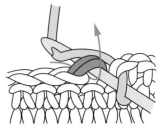

1　こま編みを1目編む。

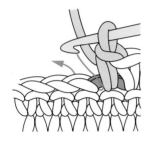

2　1と同じ目に、もう一度針を入れる。

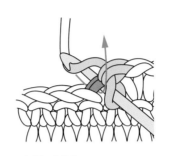

3　こま編みを編む。

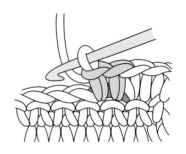

4　同じ目にこま編みを2目編み入れたところ。

 ## こま編み3目編み入れる
こまあみさんめあみいれる

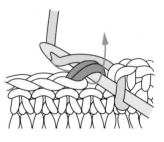

1　こま編みを1目編む。

2　1と同じ目に、もう一度針を入れる。

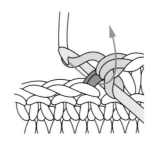

3　こま編みを編む。もう一度同じ目にこま編みを編む。

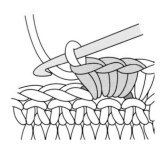

4　同じ目にこま編みを3目編み入れたところ。

●こま編み2目編み入れる　●こま編み3目編み入れる

中長編み2目編み入れる

ちゅうながあみにめあみいれる

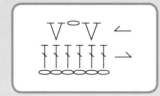

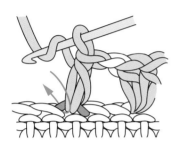

1 中長編みを1目編む。針に糸をかけて同じ目に針を入れる。

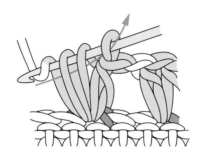

2 中長編みを編む。

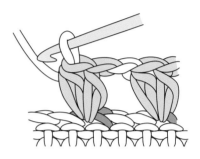

3 同じ目に中長編みを2目編み入れたところ。

長編み2目編み入れる

ながあみにめあみいれる

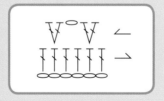

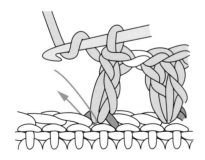

1 長編みを1目編む。針に糸をかけて同じ目に針を入れる。

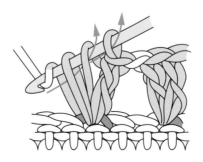

2 長編みを編む。

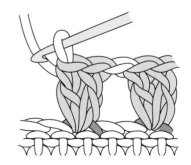

3 同じ目に長編みを2目編み入れたところ。

こま編み２目一度
こまあみにめいちど

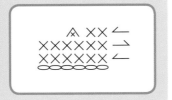

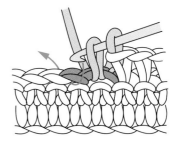

前段の目に針を入れ、糸をかけて引き出し（未完成のこま編み→108ページ）、次の目に針を入れる。

● こま編み２目一度　● こま編み３目一度

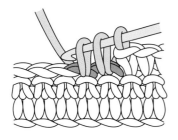

2 糸をかけて引き出す。

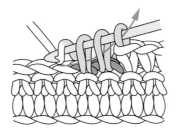

3 針に糸をかけ、針にかかっている３つのループから一度に引き抜く。

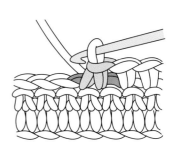

4 こま編み２目一度が編めたところ。前段の２目が１目に減った。

こま編み３目一度
こまあみさんめいちど

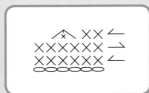

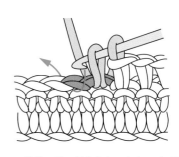

1 前段の目に針を入れ、糸をかけて引き出し（未完成のこま編み→108ページ）、次の目に針を入れ、糸をかけて引き出す。

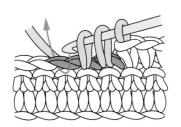

2 その次の目にも針を入れて、糸をかけて引き出す。

3 針に糸をかけ、針にかかっている４つのループから一度に引き抜く。

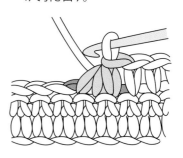

4 こま編み３目一度が編めたところ。前段の３目が１目に減った。

● 中長編み2目一度 ● 中長編み3目一度

中長編み2目一度

ちゅうながあみにめいちど

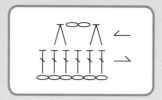

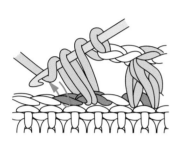

1 針に糸をかけて前段の目に針を入れて、糸をかけて引き出し（未完成の中長編み→108ページ）、次の目にも未完成の中長編みを編む。

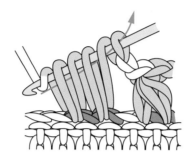

2 針に糸をかけて針にかかっている5つのループを一度に引き抜く。

3 中長編み2目一度が編めたところ。

中長編み3目一度

ちゅうながあみさんめいちど

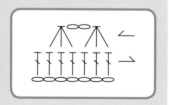

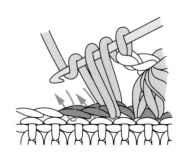

1 前段の目に未完成の中長編み（108ページ）を編み、次の目、その次の目にも未完成の中長編みを編む。

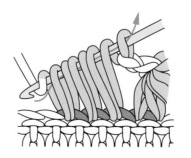

2 針に糸をかけ、針にかかっている7つのループを一度に引き抜く。

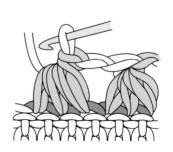

3 中長編み3目一度が編めたところ。

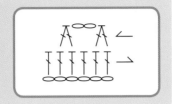

長編み2目一度

ながあみにめいちど

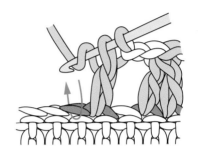 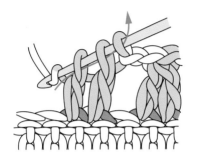 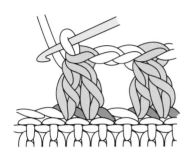

1 未完成の長編み（108ページ）を1目編み、次の目にも未完成の長編みを編む。

2 針に糸をかけ、針にかかっている3つのループを一度に引き抜く。

3 長編み2目一度が編めたところ。

 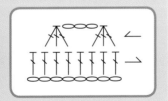

長編み3目一度

ながあみさんめいちど

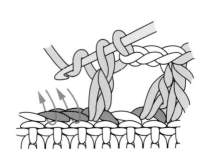 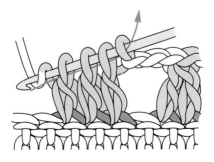 

1 未完成の長編み（108ページ）を1目編み、次の目、その次の目にも未完成の長編みを編む。

2 針に糸をかけ、針にかかっている4つのループから一度に引き抜く。

3 長編み3目一度が編めたところ。

こま編み
表引き上げ編み目
こまあみ
おもてひきあげあみめ

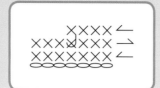

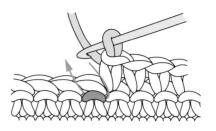

1　前段の目の脚に矢印のように針をくぐらせる。

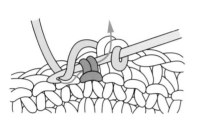

2　針に糸をかけ、こま編みより長めに糸を引き出す。

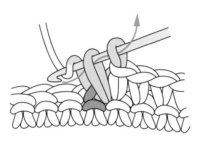

3　針に糸をかけ、引き抜く。

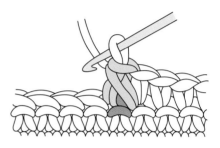

4　こま編み表引き上げ編みが編めたところ。

こま編み
裏引き上げ編み目
こまあみ
うらひきあげあみめ

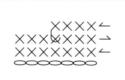

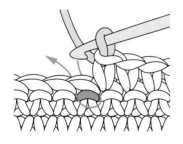

1　前段の目の脚に矢印のように向こう側から針をくぐらせ、針に糸をかけ、糸をこま編みより長めに引き出す。

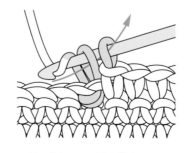

2　針に糸をかけ、引き抜く。

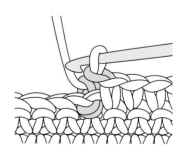

3　こま編み裏引き上げ編みが編めたところ。

中長編み 表引き上げ編み目
ちゅうながあみ
おもてひきあげあみめ

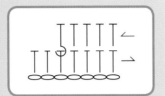

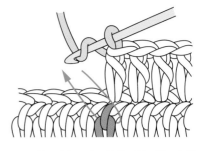

1 針に糸をかけて前段の目の脚に矢印のように針をくぐらせる。

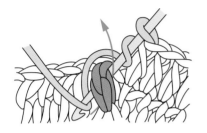

2 針に糸をかけ、中長編みより長めに糸を引き出す。

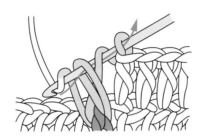

3 針に糸をかけ、矢印のように引き抜く。

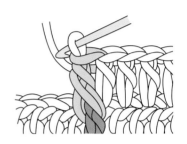

4 中長編み表引き上げ編みが編めたところ。

中長編み 裏引き上げ編み目
ちゅうながあみ
うらひきあげあみめ

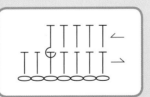

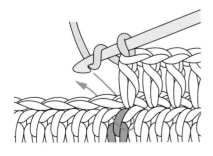

1 針に糸をかけて、前段の目の脚に矢印のように向こう側から針をくぐらせ、糸を中長編みより長めに引き出す。

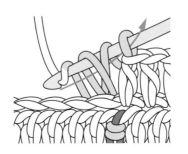

2 針に糸をかけ、矢印のように引き抜く。

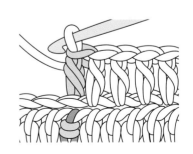

3 中長編み裏引き上げ編みが編めたところ。

長編み表引き上げ編み目

ながあみおもてひきあげあみめ

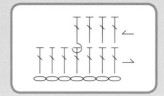

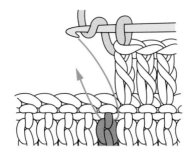

1 針に糸をかけて前段の目の脚に矢印のように針をくぐらせる。

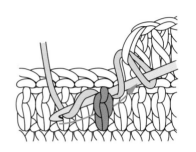

2 針に糸をかけ、長めに糸を引き出す。

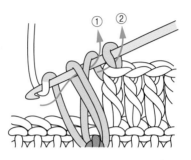

3 針に糸をかけ、長編みと同じ要領で番号順に2つのループを引き抜く。

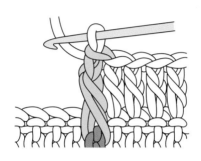

4 長編み表引き上げ編みが編めたところ。

引き上げ編みを使って模様を作る

引き上げ編みと長編みなどを組み合わせると、
立体的な模様を作ることができます。
編み目記号のかぎ部分がかかっている目の脚をすくって編みましょう。

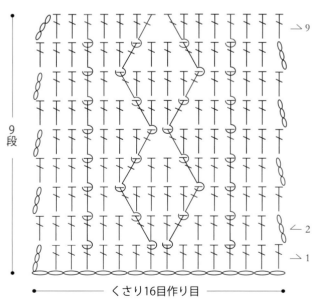

9段

くさり16目作り目

記号図は表から見た状態で描かれているので、裏を見て編む段では、記号は「表引き上げ編み」でも、実際には「裏引き上げ編み」を編む（上図の赤で示した箇所）。

長編み裏引き上げ編み目

ながあみうらひきあげあみめ

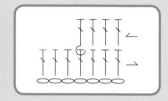

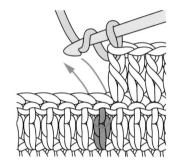

1 針に糸をかけて、前段の目の脚に矢印のように向こう側から針をくぐらせ、糸を長編みより長めに引き出す。

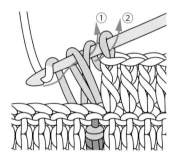

2 針に糸をかけ、長編みと同じ要領で番号順に2つのループを引き抜く。

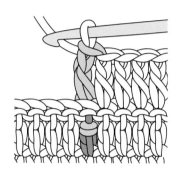

3 長編み裏引き上げ編みが編めたところ。

くさり3目の
引き抜きピコット編み目

くさりさんめの
ひきぬきぴこっとあみめ

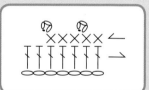

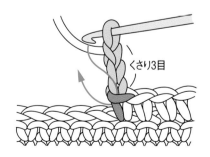

1 くさり編みを3目編み、矢印のようにこま編みの頭半目と脚の糸1本に針を入れる。

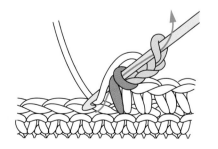

2 針に糸をかけ、針にかかっている3つのループを一度に引き抜く。

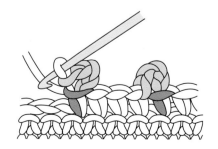

3 くさり3目の引き抜きピコット編みが編めたところ。

監修

松村 忍（まつむらしのぶ）
デザイナー・クラフト作家

ニットデザイナーきゆなはれるの夢民舎にて、
ものづくりを学ぶ。
手芸雑誌、書籍での作品発表、手芸メーカーへ
の作品デザイン提供、子ども手芸教室など「手
作りの価値の向上・オリジナルのもの作りの応
援」をテーマに、さまざまな活動を展開。
また、新進作家の誌上ギャラリーをコンセプト
とするミニコミ誌[hao]（ハオ）の代表として、
小冊子を年1回発行。本誌にてドイリーデザイ
ンを担当したshizuka、編み地作成担当のまる
ちゃんも[hao]を通じて一緒に活動する作家メン
バーであり、誌面づくりを越えて、作品展、
セミナーなども不定期に開催している。

[hao]ウェブサイト
https://hao-since1999.com

糸・用具提供
ハマナカ株式会社
〒616-8585
京都市右京区花園薮ノ下町2番地の3
TEL 075-463-5151（代表）
http://www.hamanaka.co.jp
info@hamanaka.co.jp

用具提供
クロバー株式会社
〒537-0025
大阪市東成区中道3丁目15番5号
TEL 06-6978-2277（お客様係）
https://clover.co.jp

清原株式会社
〒541-8506
大阪市中央区南久宝寺町4丁目5番2号
TEL 06-6252-4735
https://www.kiyohara.co.jp
（メジャー／7ページ）

※この本で紹介している糸、用具は、
2021年8月時点で流通している商品
です。予告なく廃番や変更になる場
合があります。

Staff
撮影（作品）　　落合里美
　　（プロセス）　中辻 渉
イラスト　　　　宇田川一美
編み地イラスト　遠藤和恵
トレース　　　　ダイス
　　　　　　　　白くま工房
校正　　　　　　明地恵子
ブックデザイン　podo／ohmae-d
動画撮影　　　　峰 一郎
構成・編集　　　山本晶子
編集協力　　　　海老原順子
　　　　　　　　シーオーツー（松浦祐子）

撮影協力
アワビーズ

本書の内容に関するお問い合わせは、**書名、発行年月日、該当ページを明記**の上、書面、FAX、お問い合
わせフォームにて、当社編集部宛にお送りください。**電話によるお問い合わせはお受けしておりません。**
また、本書の範囲を超えるご質問等にもお答えできませんので、あらかじめご了承ください。
　FAX：03-3831-0902
　お問い合わせフォーム：https://www.shin-sei.co.jp/np/contact.html

落丁・乱丁のあった場合は、送料当社負担でお取替えいたします。当社営業部宛にお送りください。
本書の複写、複製を希望される場合は、そのつど事前に、出版者著作権管理機構（電話：
03-5244-5088、FAX：03-5244-5089、e-mail：info@jcopy.or.jp）の許諾を得てください。
JCOPY ＜出版者著作権管理機構 委託出版物＞

新版 かぎ針編み困ったときに開く本

2021年10月15日　初版発行
2024年11月25日　第6刷発行

監 修 者　　松 村　　忍
発 行 者　　富 永 靖 弘
印 刷 所　　株式会社新藤慶昌堂

発行所　東京都台東区　株式　　**新星出版社**
　　　　台東2丁目24　会社
　　　　〒110-0016　☎03(3831)0743

© SHINSEI Publishing Co., Ltd.　　　　Printed in Japan

ISBN978-4-405-07340-1